# 中国西北地区
# 城市土地利用效率评价、时空演变
# 及其影响因素研究

ZHONGGUO XIBEI DIQU CHENGSHI TUDI LIYONG XIAOLU PINGJIA 、 SHIKONG YANBIAN
JI QI YINGXIANG YINSU YANJIU

薛 丹 ◎ 著

兰州大学出版社
LANZHOU UNIVERSITY PRESS

**图书在版编目（CIP）数据**

中国西北地区城市土地利用效率评价、时空演变及其

影响因素研究 / 薛丹著. -- 兰州 ：兰州大学出版社，

2025. 4. -- ISBN 978-7-311-06905-6

Ⅰ. F299.274

中国国家版本馆 CIP 数据核字第 2025YX7754 号

责任编辑　梁建萍
封面设计　汪如祥

书　　名　中国西北地区城市土地利用效率评价、时空演变
　　　　　及其影响因素研究
　　　　　ZHONGGUO XIBEI DIQU CHENGSHI TUDI LIYONG XIAOLÜ PINGJIA
　　　　　SHIKONG YANBIAN JIQI YINGXIANG YINSU YANJIU
作　　者　薛　丹　著
出版发行　兰州大学出版社　（地址:兰州市天水南路222号　730000）
电　　话　0931-8912613(总编办公室)　0931-8617156(营销中心)
网　　址　http://press.lzu.edu.cn
电子信箱　press@lzu.edu.cn
印　　刷　兰州银声印务有限公司
开　　本　710 mm×1020 mm　1/16
成品尺寸　170 mm×240 mm
印　　张　12(插页4)
字　　数　217千
版　　次　2025年4月第1版
印　　次　2025年4月第1次印刷
书　　号　ISBN 978-7-311-06905-6
定　　价　56.00元

（图书若有破损、缺页、掉页,可随时与本社联系）

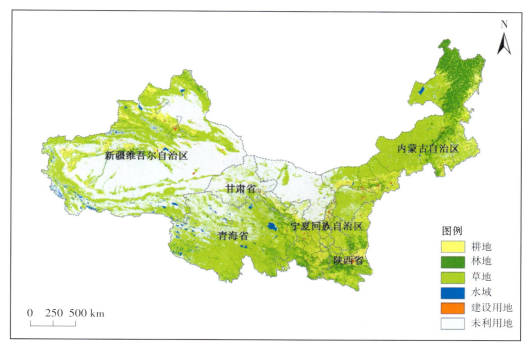

审图号 GS（2020）4619号

2018年西北地区不同类型的土地利用空间分布图

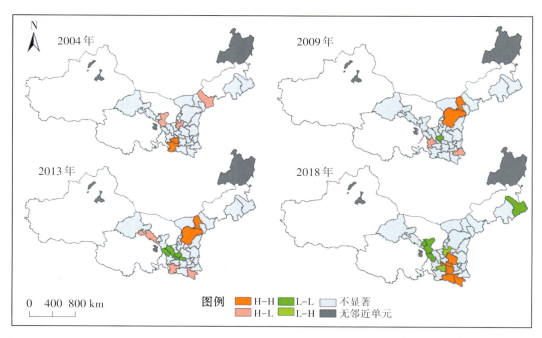

审图号 GS（2020）4619号

2004年、2009年、2013年、2018年西北地区城市土地利用效率LISA聚类图

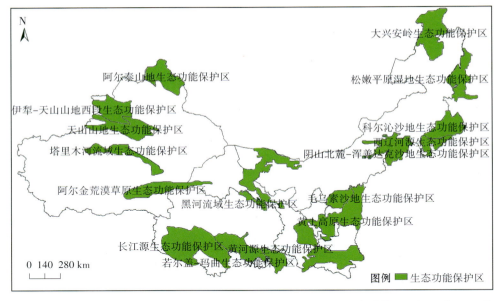

审图号 GS（2020）4619号

西北地区生态功能保护区分布图

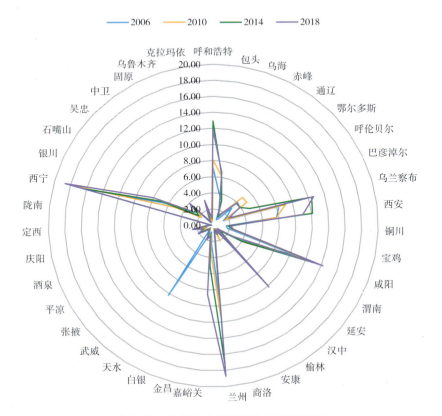

西北地区39个城市土地城镇化水平雷达图

# 目 录

# 图目录

# 表目录

# 第1章
# 导 论

## 1.1 选题背景

（1）我国的城镇化建设过程中，用地粗放，"人地矛盾"突出

土地是人类赖以生存和发展的物质基础，早在春秋时期，齐国管仲将土地称为"地者，万物之本源，诸生之根苑也"。古典经济学中，土地也被视为生产过程中重要的投入要素，是国民财富的重要源泉。我国长久以来就存在人多地少、土地资源不足的问题（赵丹丹 等，2016）[1]，改革开放以来，随着城镇化的快速发展，城市建设用地快速扩张，城市建设用地扩张侵占耕地、林地等现象明显，有些城市以"摊大饼"形式向外扩展。2018年底，我国城市建设用地面积为5.61万平方公里，约是1981年的7.80倍，城市扩展系数（用地增长率/人口增长率）高达2.17，远远高于国际上1.12的理想系数①。我国的城市土地利用效率不高，存在土地利用结构不合理、土地资源浪费等问题。此外，地方政府在面临其他地方政府的横向竞争时，更倾向于出让更多的土地，以获得持续的税收收入，"土地财政"也进一步造成城市空间无序扩张，城市土地利用低效。提升城市土地利用效率是我国当前可持续发展和绿色城镇化的紧迫任务之一（张雯熹 等，2019）[2]。

（2）提高用地效率，实现土地节约集约利用，是新时代土地管理的要求

为促进城市土地的集约利用，2014年，国土资源部出台了《关于推进土地节约集约利用的指导意见》，指出要坚持和完善最严格的节约用地制度，提出了

---

① 数据来源于国家统计局官网，由作者整理所得。

严控增量、盘活存量、优化结构、提高效率的总要求。2014年3月，国务院印发《国家新型城镇化规划（2014—2020年）》，提出要改变传统粗放的城镇化模式，实行最严格的耕地保护制度和节约集约用地制度。2016年，国家"十三五"规划中明确提出了单位国内生产总值建设用地使用面积下降20%的目标。2016年10月，国土资源部、国家发展改革委联合下发《关于落实"十三五"单位国内生产总值建设用地使用面积下降目标的指导意见》，提出要坚持和完善最严格的节约用地制度，提升土地利用效率和投入产出水平，盘活存量建设用地，落实城市开发边界，通过建设用地总量控制倒逼用地效率的提升。2016年，《国务院关于深入推进新型城镇化的若干意见》要求完善城镇存量土地再开发过程中的供应方式，合理分配旧城镇、旧厂房、旧村庄改造的土地收益。党的十九大报告指出，新时代要推动经济发展效率变革，推动全要素生产率提升。因此，节约集约利用城市土地，是实现我国经济高质量发展的必然要求。

为纪念《中华人民共和国土地管理法》颁布，自1991年起，每年的6月25日为全国土地日。"节约集约用地""转变土地利用方式"等词语高频出现在全国土地日的主题上。2018年，第28届全国土地日的主题为"珍惜土地资源，建设美丽家园"；2019年，第29届全国土地日的主题为"严格保护耕地，节约集约用地"；2020年，第30届全国土地日的主题为"节约集约用地，严守耕地红线"。由此可见，提高土地利用效率，节约集约利用土地，仍然是现阶段我国土地管理的重要目标。

（3）中国西北地区生态环境脆弱，适合城市建设的土地少，而且城市土地利用更为粗放

中国西北地区深居欧亚大陆腹地，多戈壁、荒滩、草地、雪地等，地形地貌复杂，生态环境脆弱，仅自然保护区就有358个，面积达64.6万平方公里，占西北地区总面积的15.55%[①]，西北地区的气候、地形及水土资源条件导致适宜城市建设的土地少。在可利用土地少的情况下，与其他地区相比，西北地区的城市土地利用模式更加粗放。韩峰等（2017）[3]认为，自2003年开始，东部地区城市建成区面积增长明显放缓，土地供应倾向中国西部地区。从2004年到2018年，西北地区的城市建设用地面积从2614.24平方公里增长到5242.94平方公里，15年间翻了一番，建设用地面积的增速明显高于全国平均水平。2018年，西北地区

---

① 数据来源于《中国农村统计年鉴》（2020），由作者整理所得。

的地均二、三产业增加值（11.54亿元/平方公里）只占全国平均水平（15.16亿元/平方公里）的76%，西北地区的城市土地利用水平更加不集约。多数学者认为我国的城市土地利用效率呈现东部、中部、西部依次递减的特征（李永乐 等，2015[4]；付磊 等，2019[5]；刘舒畅 等，2020[6]），而西北地区的城市用地效率更是低于西南地区，因此，西北地区更需要实现城市土地的节约集约利用。

（4）承接东部地区的产业转移也给西北地区的城市土地利用带来了新的压力

东部地区和国内资源向西部地区的投入转移是中国扩大内需、避免产业空心化的重要途径（全毅，2016）[7]，也是促进国内大循环和国内国际双循环的重要抓手。随着东部地区土地、人力成本的上升和环境约束等因素的影响，东部地区需要在广袤的西北地区建立前沿基地，构建国内的生产网络和分工体系，将产业和技术向西北地区转移。西北地区拥有支撑我国现代工业开发所必需的煤炭、石油、稀土、铁矿石等丰富的自然资源，又得益于"一五""二五"计划和"三线建设"时期国家对西北地区大规模的投入，西北地区有众多的老工业基地。这些老工业基地在装备制造、石油化工、有色冶金等方面具有一定的产业优势，西北地区具备承接东部地区产业转移的需求，并具备资源、产业条件。这给西北地区带来机遇，也给西北地区的城市土地利用带来了新的压力。

（5）提升西北地区的城市土地利用效率可以促进我国区域经济的协调发展

改革开放以来，东部沿海地区率先发展，中国的社会经济发展逐渐形成了东、中、西部依次递减的发展格局。西部地区人口密度低，经济发展落后。为了缩小东西部差距，我国于1999年实施了西部大开发战略，这一战略对西部的经济发展起到了重要的促进作用。近年来，我国经济发展的南北差距也越来越受到学者们的重视（郭爱君 等，2019[8]；许宪春 等，2021[9]），西南地区的部分城市如重庆、成都等迅速崛起，而西北地区的发展仍然落后。由于马太效应，西北地区与东部等发达地区的区域发展差距进一步扩大，这影响着中国经济发展的协调性与可持续性。2020年国家发布的《关于新时代推进西部大开发形成新格局的指导意见》强调西部地区要通过质量、效率和动力变革，实现高质量和可持续发展（范恒山 等，2020）[10]。在我国颁布的《中华人民共和国国民经济和社会发展第十四个五年规划和2035年远景目标纲要》中，深入实施区域协调发展战略的第一条就是"推进西部大开发形成新格局"。因此，提升我国西北地区的城市土地利用效率对于提高我国西北欠发达地区的高质量发展水平、缩小东西部差距、促进我国区域经济协调发展具有重要意义。

## 1.2　选题意义

（1）理论意义

第一，由于中国国土资源分布不均，不同地区面临的土地利用问题不同，全国整体和东部发达地区的发展经验与理论基础存在一定的地域局限。而现有对城市土地利用效率的研究多以全国整体、主要城市群、长江经济带以及东部发达地区的重点省份和城市为研究对象，所以对中国西北地区的城市土地利用效率进行研究，可以丰富我国生态脆弱区、西北欠发达地区及少数民族聚居区的城市土地利用问题的理论体系。

第二，现有对城市土地利用效率及其影响因素的研究多是重实证而轻机理，研究结果说服力不足。本书将阐述西北地区城市土地利用效率的实现机理，并建立城市土地利用效率影响因素的理论分析框架，厘清主要影响因素及各因素的作用机理，丰富城市土地利用效率的理论研究。

第三，本书将采用区域经济学、土地管理学、计量经济学、环境科学、地图学、自然地理学等多学科的基础理论，拓宽研究领域，丰富和发展城市土地利用的研究内容。

（2）现实意义

第一，在新型城镇化建设的关键时期，经济发展要求提质增效，低效、粗放的土地利用模式迫切需要改变，提升城市土地利用效率，探索内生发展路径，对于解决"人地矛盾"、实现我国经济社会高质量发展具有重要意义。

第二，中国西北地区地域辽阔，生态脆弱，适宜城市建设的土地少。同时，在加快形成双循环发展格局以及全国产业链发展的背景下，随着东部地区土地成本、人力成本的上升和环境约束等加剧，需要将产业和技术向西北地区转移，承接东部地区的产业转移也给西北地区的城市土地利用提出了新的要求。对中国西北地区的城市土地利用问题进行研究，分析西北地区城市土地利用的规模、结构、效益等现状，评价其城市土地利用效率及时空演变特征，厘清西北地区城市土地利用效率的影响因素，探究各影响因素的作用机理，对于节约集约利用西北土地、缩小东西部差距、改善西北生态环境、助推西北地区的高质量发展具有重要意义。

## 1.3　研究目标

本书对中国西北地区的城市土地利用效率及其影响因素进行研究，具体的研究目标如下：

第一，详细分析中国西北地区城市土地利用的规模、结构、效益等现状，对比西北地区的城市土地利用水平与全国平均水平的差距，揭示现阶段中国西北地区城市土地利用存在的问题。

第二，分析西北地区城市土地利用效率的实现机理，根据实现机理，选择合适的指标和模型对西北地区城市土地利用效率做出客观的评价，利用 GML 指数和效率损失模型对西北地区城市土地利用效率进行比较和分解，并从内部要素层面揭示出西北地区城市土地利用效率各投入产出变量的实际值与最优值的差距。

第三，分析西北地区城市土地利用效率的时空演变特征，将静态与动态、时间与空间相结合，详细分析西北地区城市土地利用效率的差异特征、时序演进特征、空间关联特征和时空动态特征。

第四，建立西北地区城市土地利用效率影响因素的理论分析框架，剖析主要的影响因素及各因素的作用机理，并通过计量模型定量分析各影响因素的作用方向和作用程度。

第五，根据研究结论，提出提升西北地区城市土地利用效率的有益建议。

## 1.4　研究思路

本书综合探究我国西北地区城市土地利用效率的现状、特征、影响因素，并提出改进建议。第一，本研究对所涉及的城市土地利用效率的研究现状和核心理论进行详细地梳理，奠定文章的理论基础；第二，界定研究的区域范围，介绍研究区域的概况，分析西北地区城市土地利用的规模、结构、效益等土地利用现状，揭示现阶段西北地区城市土地利用存在的问题；第三，在系统阐述西北地区城市土地利用效率实现机理的基础上，选择合适的指标和 Super-SBM 模型对中国西北地区 2004—2018 年 39 个城市的城市土地利用效率进行实证测量，利用 GML 指数和效率损失模型对西北地区城市土地利用效率进行比较和分解，并从内部要素层面揭示出城市土地利用效率各投入产出变量的实际值与最优值的差距；第四，将运用静态与动态、时间与空间相结合的方法，借助变异系数、泰尔指数、核密度函数、马尔科夫链、空间自相关分析和探索性时空数据分析等方法，对西北地区城市土地利用效率的时空演变特征进行详细阐述；第五，建立西北地区城市土地利用效率影响因素的理论分析框架，剖析主要的影响因素及各因素的作用机理，并通过计量模型对西北地区城市土地利用效率的影响因素进行定量实证检验；第六，总结研究结论，根据研究结论提出促进西北地区城市土地利用效率提升的对策。

## 1.5 技术路线

本文的技术路线图如图1-1所示。

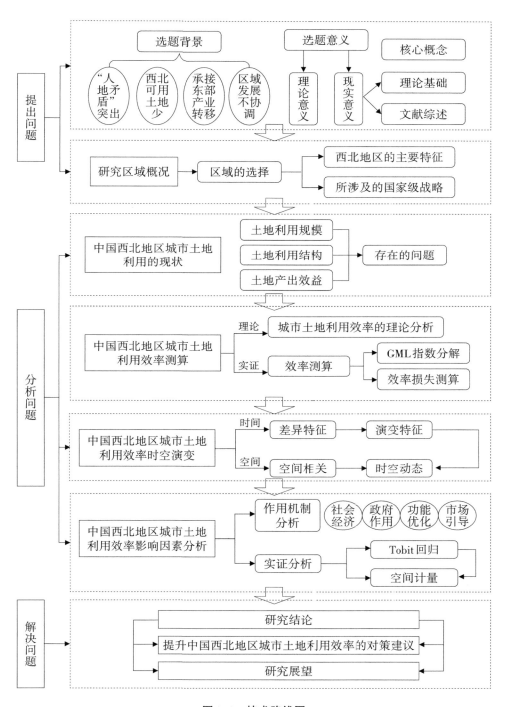

**图1-1　技术路线图**

## 1.6 研究内容

本书的研究内容如下：

第1章，导论。该章是本书的开篇章节，主要介绍本书的选题背景、选题意义、研究目标、研究思路、技术路线、研究内容，阐述本书的研究方法，并指出本书可能的创新点。

第2章，核心概念、文献综述与理论基础。本章界定与本书相关的核心概念，对现有文献进行回顾、综述并介绍本书的核心理论。在概念界定方面，主要对城市土地、城市土地利用和城市土地利用效率这三个概念进行了界定。在文献综述方面，根据研究主题，主要从城市土地利用效率测度、城市土地利用效率时空分异、城市土地利用效率影响因素和中国西北地区城市土地利用四个方面对现有研究进行了全面的梳理、归纳和总结，并进行了文献评述。在理论基础方面，主要介绍了土地集约利用理论、区位理论、效率理论、土地规模报酬递减规律理论、地租理论和可持续发展理论，从而奠定本书的理论基础。

第3章，研究区域概况。本章对研究的时间范围和空间范围进行了界定，总结了西北地区的区域特征。西北地区生态环境脆弱，可用作城市建设的土地面积少，还要承接东部地区的产业转移，更需要实现城市土地的集约利用，特征分析进一步点明了本书的研究主题。此外，本章阐述了惠及西北地区的三个国家级战略——西部大开发战略、"一带一路"倡议和黄河流域生态保护和高质量发展战略。

第4章，中国西北地区城市土地利用的现状分析。本章主要分析了西北地区城市土地利用的现状和存在的问题，并对比了西北地区城市土地利用水平与全国平均水平的差距，为之后的城市土地利用效率测度和影响因素分析奠定了基础。

第5章，中国西北地区城市土地利用效率测算。本章在阐述城市土地利用效率实现机理的基础上，选用合适的指标，用Super-SBM模型对西北地区城市土地利用效率进行测算，利用GML指数对测得的效率进行比较和分解，并借助效率损失模型，揭示各投入产出变量的实际值与最优值的差距。

第6章，中国西北地区城市土地利用效率的时空演变特征。本章借助变异系数和泰尔指数分析了西北地区城市土地利用效率的差异特征，借助核密度函数曲线和马尔科夫链转移矩阵，分析了西北地区城市土地利用效率的演变特征和规律，借助空间自相关和 LISA 聚类方法分析了西北地区城市土地利用效率的空间关联特征，借助探索性时空数据分析方法，研究了西北地区城市土地利用效率的时空动态演进特征。

第7章，中国西北地区城市土地利用效率的影响因素分析。本章从社会经济、政府作用、土地功能结构、市场引导四个方面建立了城市土地利用效率影响因素的理论分析框架，厘清具体的影响因素，分析各个影响因素对城市土地利用效率的作用机理，然后根据所阐述的作用机理，分别建立了适合受限因变量的 Tobit 模型，并考虑了各变量之间的空间溢出效应的空间计量模型，对西北地区城市土地利用效率的影响因素进行了实证分析。

第8章，研究结论、政策建议及研究展望。本章总结了本书的研究结论，根据研究结论提出了政策建议，指出了本研究的不足及下一步的研究方向。

## 1.7 研究方法

本书采用区域经济学、土地管理学、计量经济学、环境科学、地图学、自然地理学等多学科基础理论，在梳理大量文献的基础上，围绕中国西北地区的城市土地利用效率进行研究。所用的研究方法有：

（1）文献梳理法

利用高校图书馆、互联网查阅大量相关文献并进行分类综述，获得国内外学术界关于城市土地利用效率的相关研究成果。现有研究对本研究提供了有益的参考，同时现有研究的可拓展之处也为本研究提供了较好的研究视角。

（2）理论分析法

现有对城市土地利用效率及其影响因素的研究重实证而轻机理，所以本书的理论分析将从两个方面开展：一是在效率测算阶段，本书将进行理论分析，阐述城市土地利用效率的实现机理；二是从社会经济、政府作用、土地功能结构、市场引导四个方面构建西北地区城市土地利用效率影响因素的理论分析框架，厘清具体的影响因素，并分析各影响因素对城市土地利用效率的作用机理。

（3）实证分析法

实证分析包括以下两个方面：一是效率评估阶段，构建合适的指标体系，对中国西北地区的城市土地利用效率进行评价、比较和分解，从内部要素层面，揭示出城市土地利用效率各投入产出变量的实际值与最优值的差距，其中主要用到

Super-SBM模型、GML指数和效率损失模型；二是分析影响因素阶段，通过Tobit模型和空间计量模型，实证分析西北地区城市土地利用效率的影响因素，明确各个影响因素的作用方向和作用程度。

（4）比较分析方法

比较分析主要用来考察西北地区城市土地利用效率的差异特征和演进特征。其中，分析差异特征用到了变异系数和泰尔指数方法，分析演进特征用到了核密度函数和马尔科夫链转移方法。

（5）空间分析方法

空间分析包括以下两个方面：一是利用空间自相关分析和探索性时空数据分析方法，对西北地区城市土地利用效率的空间相关性和时空动态演进特征进行分析；二是利用ArcGIS软件，对中国西北地区城市土地利用的相关问题进行空间分析与可视化表达。

## 1.8    可能的创新点

第一，现有研究主要集中在全国层面、主要城市群、长江经济带、东部发达地区的重点省份和城市，而对于中国西北地区城市土地利用效率的研究较少。由于中国地域辽阔，土地环境差异大，东部的发展经验与理论基础存在一定的地域局限，亟待通过对中国西北地区的研究，丰富我国生态脆弱区与经济欠发达地区的城市土地利用问题的理论体系。基于此，本研究立足于西北欠发达地区，对城市土地利用的研究内容进行了进一步拓展。

第二，现有研究重视对计量模型的阐述，而对机制机理的分析有些欠缺，说服力有待加强。本研究将从两方面进行机制机理分析：一是阐述西北地区城市土地利用效率的实现机理；二是揭示西北地区城市土地利用效率影响因素的作用机理。本研究尝试从社会经济、政府作用、土地功能结构、市场引导四个方面构建西北地区城市土地利用效率影响因素的理论分析框架，厘清城市土地利用效率的具体影响因素，并分析各个影响因素的作用机理。

第三，西北地区各城市的市辖区与县区之间的城市土地利用水平相差较大，本研究聚焦适合城市发展和人口聚集的城市市辖区的土地，在对西北地区城市土地利用效率测度和分析影响因素时，尽量选取市辖区的相关经济指标，其结果更为准确、针对性更强。另外，本书在测度西北地区城市土地利用效率的同时，进一步用效率损失模型从内部要素层面分析了西北地区城市土地投入等要素的冗余率，这对于西北地区调整要素结构、节约集约利用城市土地具有一定的意义。

第四，现有研究对城市土地利用效率测算结果的分析多是基于管理学或经济学视角的描述，从时空二维视角刻画其时序演进规律和识别空间特征的研究相对较少。本研究将采用静态与动态、时间与空间相结合的方法，详细分析西北地区城市土地利用效率的差异特征、时序演进特征、空间关联特征和时空动态特征。

# 第2章
# 核心概念、文献综述与理论基础

本章的主要目的是梳理与本研究相关的核心概念，对现有文献进行回顾综述，并介绍本书的理论基础。在概念界定方面，主要对城市土地、城市土地利用和城市土地利用效率这三个概念进行了界定。在文献综述方面，本书的研究主题，主要从城市土地利用效率测度、城市土地利用效率时空分异、城市土地利用效率影响因素和中国西北地区城市土地利用四个方面对现有研究进行了全面的梳理、归纳和总结，并进行了文献评述。在理论基础方面，主要对土地集约利用理论、区位理论、效率理论、土地报酬递减规律理论、地租理论和可持续发展理论进行了系统的介绍，奠定本研究的理论基础。

## 2.1 核心概念

### 2.1.1 城市土地

城市是社会生产力发展到一定阶段，随着劳动分工的加深、生产关系的改变和生产的产品逐渐有了剩余，逐步由农业居民点（村庄）转化而来的人类集中活动的区域（郑新奇，2004）[11]。城市土地顾名思义就是城市的土地，它是一个区域的概念。广义的城市土地可以划分为三个层次：一是城市市区的土地，即城市已经开发建成的区域的土地；二是城市规划区的土地，包括城市市区、近郊区及城市行政区域内因城市建设和发展需要实行规划控制的区域；三是城市行政区内的土地，包括城市市区、郊区及市属县范围内的全部土地（蒋贵国 等，2019）[12]。狭义的城市土地就是指城市市区的土地（周京奎，2007）[13]。本书研究的城市土地为狭义的城市土地，本书在研究西北地区的城市土地利用问题时，选用的是城市市辖区统计口径的相关经济指标。

### 2.1.2 城市土地利用

城市土地利用是人们根据城市土地资源固有的属性和城市土地所具有的各种功能特征，对城市土地在不同经济部门之间、不同项目之间进行合理配置和使用的过程。城市土地利用是对城内土地的开发、使用、改善和维护活动的总称。城市用地是一个基于"人—经济—社会—生态环境"相互作用、交互耦合的复合生态系统（孙平军 等，2015）[14]，城市的发展与繁荣在一定程度上取决于有限的城市土地是否集约高效地利用（蒋贵国 等，2019）[1,2]。曹建海（2002）[15]认为实现城市土地的高效利用，既要符合各方利益主体追求利润最大化的经济目标，又要实现平衡城市及城乡之间的实际收入、提高人民生活质量等社会目标。城市土地利用需要遵循统一管理、规划总体控制、土地有偿使用、节约集约利用和可持续利用等原则。

### 2.1.3 城市土地利用效率

关于城市土地利用效率目前还没有一个统一的定义，国内最早提出城市土地利用效率概念的学者是陈荣（1995）[16]，他认为城市土地利用效率是衡量城市土地利用水平的指标，它包含两个相互联系的层次，即宏观上的土地配置结构效率和微观上的土地使用边际效率构成。其中城市土地利用合理配置程度、城市建设总量控制标准以及城市基础设施发展水平是决定土地配置结构效率高低的重要因素，而城市土地的使用方式则是决定边际效率高低的因素。李菁等（2017）[17]认为城市土地利用效率是城市土地利用规模、土地利用结构以及土地利用强度的集中体现。卢新海等（2018）[18]认为城市土地利用效率是人地经济、社会和生态关系交互耦合的功能体的效率。张雯熹等（2019）[2]将城市土地利用效率定义为以获取最高的经济价值为目标，最大化利用土地的程度。刘书畅等（2020）[6]认为城市土地利用效率是经济系统、社会系统、土地利用和生态环境等多个子系统交互作用的结果，是综合了社会经济效益和环境产出之后的综合效率。综上，本研究认为城市土地利用效率是将人口、资本等生产要素投入到市辖区的土地上，经过一系列的社会经济活动，获得最优的土地经济价值产出、社会价值产出和环境价值产出，并且造成最小的环境污染的过程。

## 2.2    文献综述

城市土地是城市社会经济活动的载体，也是城市居民生活的基本空间，其利用效率问题得到了广泛的关注，特别是伴随着我国城镇化的快速发展、城市用地方式粗放、"人地矛盾"凸显等问题的陆续显现，吸引了众多学者对城市土地利用效率进行研究。基于研究主题，本书的文献综述从四个方面展开：一是关于城市土地利用效率测度的文献综述，二是关于城市土地利用效率时空分异的文献综述，三是关于城市土地利用效率影响因素的文献综述，四是关于中国西北地区城市土地利用效率的文献综述。

### 2.2.1    关于城市土地利用效率测度的文献综述

关于城市土地利用效率测度评价的研究，最早始于 20 世纪中期为征税服务的土地利用评价。随着城镇化发展，城市无序蔓延、城市土地粗放利用等问题日益严重，关于城市土地利用效率的研究不断涌现。在研究对象上，对全国整体、长江经济带、主要城市群、发达地区的主要省份和城市的研究比较多。在方法上，主要有数据包络分析法（Data Envelopment Analysis，DEA）、随机前沿分析法（Stochastic Frontier Analysis，SFA）、柯布-道格拉斯生产函数、熵值法和Malmquist指数等，其中数据包络分析是使用最广泛的研究方法。

在数据包络分析法的使用上，张立新等（2017）[19]、Cao等（2019）[20]使用DEA模型测算了中国省域的城市土地利用效率。岳立等（2017）[21]将非期望产出纳入城市土地利用效率的测算框架，用方向性向量距离函数测算了我国典型地区的城市土地利用效率。也有学者将考虑了非期望产出的城市土地利用效率定义为城市土地绿色利用效率（卢新海 等，2020）[22]。王建林等（2017）[23]用内生方向向量距离函数模型测度了中国283个地级以上城市的城市土地利用效率。Chen等（2016）[24]用数据包络分析方法测算了2005—2012年我国334个城市的城市建设用地效率。Xie等（2018）[25]使用广义方向性距离函数测算了长江中游城市群的工业用地效率。樊鹏飞等（2018）[26]用EBM模型对不同职能城市的城市土地利用效率做了评价，用灰色关联度模型探究了其主要驱动因素。刘世超等（2019）[27]、Yu等（2019）[28]用SBM模型对中国主要城市群土地利用效率进行了测算。詹国辉等（2017）[29]用三阶段DEA模型测算了江苏省13个地级市的城市土地利用效率。朱孟珏等（2017）[30]用DEA方法对我国282个地级以上城市的土地利用效率进行了测算。Cui等（2019）[31]用DEA方法分析了山东半岛城市群42个县的土地利用效率。Zhu等（2019）[32]用SBM模型测度了2008—2015年我国35个特大城市的城市土地利用效率。

在随机前沿分析法等其他方法的使用上，王良健等（2015）[33]、张雯熹等（2019）[2]和刘书畅等（2020）[6]使用随机前沿法测算了中国地级市的城市土地利用效率。金贵等（2018）[34]用SFA模型对长江经济带110个地级市的城市土地利用效率进行了测算。Wang等（2020）[35]使用随机前沿法对京津冀、长三角、珠三角三大城市群内38个城市的城市土地利用效率损失和集约利用潜力进行了评价。Liu等（2018）[36]用扩展的柯布-道格拉斯生产函数测算了中国31个省份1985—2014年的城市建设用地利用效率。Qiao等（2019）[37]利用熵权法对北京市五环以内的工业用地效率进行了研究。

此外，有些学者使用一些较为少用的方法来测度城市土地利用效率，如卢新海等（2018）[18]和陈丹铃等（2018）[38]用小波神经网络模型分别对武汉城市群、长江中游城市群的城市土地利用效率进行了测算。黄和平等（2016）[39]将脱钩分析的理论框架应用于土地利用效率变化的研究，认为南昌市绝大多数时间并未实现城市经济增长与土地资源消耗的脱钩。杨君等（2019）[40]利用随机森林算法对长江中游城市群的城市土地利用效率进行了评价。

在研究尺度上，宏观的研究尺度比较多，中观和微观的研究尺度比较少。宏观和中观尺度的研究成果如前文所述，中观和微观尺度的研究主要是以园区或地块为主。如班茂盛等（2008）[41]构建了土地利用绩效综合评价指标体系，对北京市高新技术产业区中5个不同类型的园区的土地利用水平进行了综合评价。施建刚等（2017）[42]用VRS-DEA模型分析了长三角城市群16个工业园区的土地利用效率，他们认为长三角工业园区的城市土地综合效率处于较低水平，总体呈上升趋势，技术改进的薄弱是影响工业园区土地利用效率的核心因素。Huang等（2017）[43]利用2003—2008年上海市电子企业土地利用的微观数据研究发现，上海市经济开发区内企业的单位土地平均产出显著高于开发区外企业的单位土地平均产出。

在评价指标体系上，现有研究主要是从投入和产出两个方面来构建的。投入指标主要包括劳动力、土地和资本等，产出指标包括经济价值、社会价值和环境影响等。由于研究尺度不同、数据的可得性等问题，现有研究对具体的投入、产出指标的选择上有很大的不同。本书对城市土地利用效率评价的研究成果进行了梳理，详细情况如表2-1所示。

表2-1 城市土地利用效率的研究对象、使用方法、投入产出指标分类表

| 研究对象 | 使用方法 | 投入指标 | 产出指标 | | | 作者,来源 |
|---|---|---|---|---|---|---|
| | | | 经济价值 | 社会价值 | 环境影响 | |
| 全国（31个省份） | DEA | 土地建成区面积、人均城市道路面积、二三产业从业人员、固定资产投资额 | 二三产业增加值 | 社会消费品零售总额 | 城市绿地面积 | 万娟娟等[44]，2018年《经济地理》 |
| 全国（30个省份） | SFA | 城市建设用地面积、资本存量、城镇就业人口、能源投入 | 二三产业增加值 | — | 城市绿地面积、$SO_2$排放量 | 付磊等[5]，2019年《城市问题》 |
| 全国（283城市） | 非径向方向性距离函数 | 非农人口数量、城镇建成区面积、城市资本存量 | 非农GDP | — | 工业$SO_2$、工业废水排放量 | 何好俊等[45]，2017年《地理研究》 |
| 全国（2213个县） | CCR-DEA | 二三产从业人员、固定资产投资额、城乡建设用地面积 | 二三产业增加值 | — | — | 刘秋蓉等[46]，2019年《城市发展研究》 |
| 中国八大城市群 | SBM | 建成区面积、二三产业劳动力之和、资本存量 | 国内生产总值 | — | 工业$SO_2$排放量、城市污水排放量 | 刘世超等[27]，2019年《城市问题》 |
| 全国（35个城市） | Super-DEA | 建成区面积、城市就业总人口、固定资本存量 | 地区生产总值 | 人口密度 | 绿化覆盖率 | 罗能生等[47]，2016年《城市问题》 |
| 京津冀城市群 | SFA | 二三产业就业人员、固定资产投资额、城市建设用地面积、二三产业用电量 | 二三产业增加值 | — | — | 王向东等[48]年《2019年《地理学报》 |

续表2-1

| 研究对象 | 使用方法 | 投入指标 | 产出指标 | | | 作者,来源 |
|---|---|---|---|---|---|---|
| | | | 经济价值 | 社会价值 | 环境影响 | |
| 珠三角城市群 | BCC、Malmquist Index | 城市建成区面积、固定资产投资、二三产业从业人员 | GDP、财政预算收入、人均GDP | 城镇人均可支配收入 | 绿化覆盖率 | 卢德伟等[49],2018年《广东土地科学》 |
| 长三角城市群 | SBM | 固定资产投资额、受教育年限与就业人员的乘积、城市建设用地面积 | 二三产业增加值 | — | 工业废水、工业SO₂、工业烟(粉)尘排放量 | 苗建军等[50],2020年《城市问题》 |
| 长三角(26个城市) | CCR-DEA | 二三产业从业人员、固定资产投资额、建成区面积 | 非农GDP | — | 工业废水、工业SO₂、工业烟(粉)尘排放量 | 龙开胜等[51],2018年《中国土地科学》 |
| 长江经济带 | Super-DEA | 城市建成区面积、固定资产投资额、二三产业从业人员 | 二三产业增加值 | — | — | 李璐等[52],2018年《长江流域资源与环境》 |
| 长江经济带 | 随机前沿法 | 城市建设用地面积、财政支出、资本存量、非农从业人口 | 非农产值 | — | — | 金贵等[34],2018年《地理学报》 |
| 长江中游城市群 | CCR-DEA | 建成区面积、二三产业从业人员、固定资产投资额 | 二三产业增加值 | 人均道路长度 | 绿地覆盖率 | 卢新海等[53],2018年《长江流域资源与环境》 |
| 粤港澳大湾区 | Super-SBM | 建成区面积、二三产业从业人员、固定资本形成总额 | 二三产业增加值 | 职工平均工资 | 公园绿地面积 | 朱孟珏等[54],2017年《热带地理》 |

续表 2-1

| 研究对象 | 使用方法 | 投入指标 | 产出指标 | | | 作者,来源 |
|---|---|---|---|---|---|---|
| | | | 经济价值 | 社会价值 | 环境影响 | |
| 粤港澳大湾区 | CCR-DEA | 城市建成区面积、地均社会固定资产投资额、地均二三产业从业人员 | 地均GDP、地均社会消费品零售总额、地均财政收入 | — | — | 陈章喜等[55],2019 年《城市问题》 |
| 长三角城市群16个工业园区 | DEA | 建成区面积、固定资产投资、年末就业人口 | GDP、工业产值、税收收入 | — | — | 施建刚等[42],2017 年《资源科学》 |
| 南京市内各区 | SFA | 单位建设用地面积劳动力、单位建设用地面积资本存量 | 单位城市建设用地面积经济产出 | — | — | 田柳等[56],2017 年《长江流域资源与环境》 |

可以看出,现有研究主要集中在全国整体、长江经济带,主要城市群、发达地区的主要省份、城市以及开发区上,数据包络分析方法是研究城市土地利用效率的主流分析方法。现有研究对城市土地利用效率尚未形成一个统一的定义,所选取的指标也较为多样,本书将系统阐述城市土地利用效率的实现机理,依据实现机理选择合适的指标对中国西北地区的城市土地利用效率进行评价。传统的测算城市土地利用效率的指标大多是采用城市二三产业增加值、非农产值、就业人数等,而本书中的城市土地是指城市市辖区的土地,本书在测度及分析其影响因素时,将采用市辖区统计口径的相关经济指标。

### 2.2.2 关于城市土地利用效率时空分异的文献综述

中国的城市土地利用效率尚处于较低的水平(Cao 等,2019)[20],而且存在明显的空间特征与区域差异(王良健 等,2015)[33]。对于城市土地利用效率时空特征的研究也吸引了众多学者的注意。在研究方法上,主要有比较分析法、基尼系数法、空间相关分析法、重心模型等。在研究尺度上,有学者从全国整体出发，根据我国的区域差异，按东中西部的角度阐述我国城市土地利用效率的区域差异；有学者研究主要城市群、长江经济带、东部发达地区的主要省份、城市、经济区等特定地区的城市土地利用效率时空分异特征。下面本书将依次介绍相关研究成果。

从全国尺度来看，现有研究普遍认为东部地区的城市土地利用效率较高，而中西部地区的土地利用效率相对较低。如李永乐等（2014）[4]认为中国的城市土地利用效率总体呈现出由东至西、由东南向西北递减的趋势，各区域的效率值呈梯级变化，上海市和北京市的效率值最高。Cao等（2019）[20]认为我国土地利用效率的"热点"地区主要分布在东南沿海，而"冷点"地区主要分布在中部和西部地区，随着时间的推移，我国土地利用效率"东高西低"的格局逐渐形成并趋于稳定。万娟娟等（2018）[44]认为2000—2016年我国东、中、西部三大地区土地集约利用效率的变化形态相似，以2010年为界，呈先下降后上升的趋势；效率有效省份在空间分布上自北向南、自西向东呈"高—中—高"分布。付磊等（2019）[5]认为全国城市土地利用效率的平均水平较低，呈现出东部—中部—西部—东北地区递减的趋势。Liu等（2018）[36]认为我国的建设用地利用效率有待进一步提高，东部地区的效率高于中西部地区。Chen等（2018）[57]认为我国30个省份的工业用地利用效率存在显著的空间相关性，且呈现出明显的梯形增长趋势。Lu等（2018）[58]认为中国省域的城市土地利用效率总体呈上升趋势，各地区城市土地利用效率具有明显的差异，东部地区城市土地利用效率的差异远大于中西部地区，区域间差异是总体差异的主要来源。Peng等（2017）[59]、Zhao等（2018）[60]研究了中国地级市层面的城市土地利用效率，认为地级市层面的城市土地利用效率有了显著的改善，具有显著的空间相关性，在空间分布上，效率高值从聚集在长三角和珠三角地区逐渐向中西部地区扩散，中国西部地区的城市土地利用效率呈下降趋势，而东北的效率值在上升。刘书畅等（2020）[6]认为中国各城市的城市土地利用效率在空间上由东向西递减，效率越低的区域其内部不均衡性越明显。王建林等（2017）[23]认为城市规模不同，土地利用效率也不同，中小城市的土地利用效率明显低于大城市。

在主要城市群方面，各个城市群及群内城市之间的城市土地利用效率也存在显著的差别。如刘世超等（2019）[27]认为我国城市群整体土地利用效率呈上升趋势，空间上呈东部高、中西部低的格局。刘书畅等（2020）[61]认为我国东部四大城市群土地利用效率差异明显，山东半岛城市群的土地利用效率值最高，而京津冀城市群的效率值相对偏低。Yu 等（2019）[28]认为长三角、珠三角城市群的城市土地利用效率最高，山东半岛城市群的城市土地利用效率保持在相对较高的水平，而长江中游城市群、北部湾城市群、关中平原城市群和成渝城市群的城市土地利用效率相对较低。Wu 等（2017）[62]认为长三角地区的城市土地利用效率具有明显的空间聚集效应，而且这种空间集聚效应随着交通可达性的提高而增强，从长三角的苏南地区扩展到其他地区。

在长江经济带方面，学者们普遍认为长江经济带的土地利用效率整体呈现上升趋势，并且存在显著的地区差异，长江经济带内各城市群的集聚效应显著（Liu 等，2018）[63]。金贵等（2018）[34]认为长江经济带的城市土地利用效率呈现"条块状"分布特征，从东向西逐步递减，LISA 空间形态呈现"小集聚、大分散"特征。Xie 等（2018）[25]认为长江中游城市群的工业用地利用效率在 2003—2012 年仅为 0.581，存在较大的改善空间，鄱阳湖城市群的城市土地利用效率值高于武汉和长株潭城市群。

在主要省份和城市方面，学者们认为特定区域内的城市土地利用效率也存在明显的差异。如 Zhang 等（2020）[64]评价了江苏省内 13 个城市的城市土地利用效率，认为江苏省中部城市的效率值明显优于其周边城市，各个城市的效率值随着时间的推移出现收敛状态。李崇明等（2020）[65]分析了吉林省 9 个地级市的城市土地利用效率，认为吉林省的城市土地利用效率整体上呈现下降趋势，在空间分布上吉林省的中部高、东西部低。Qiao 等（2019）[37]认为北京市的工业用地效率偏低，效率分布呈现出沿环形道路向外发展的环状结构特征，并且出现了南北分异。Zeng 等（2017）[66]认为广州市的城市土地利用效率最高，其次是上海和深圳，珠江三角洲和长江三角洲的特大城市总体上城市土地利用效率较高，而中国北部和西部的城市土地利用效率较低。秦鹏等（2012）[67]认为香港的城市土地集约利用水平高于深圳。谢花林等（2016）[68]分析了鄱阳湖生态经济区 12 个城市的城市土地利用效率，认为该区的城市土地利用效率整体呈现上升趋势，县级市的效率值大于地级市。

可以看出，现有文献对城市土地利用效率时空演变特征的研究取得了丰富的成果，但是现有研究多是基于管理学或经济学视角，对各地区的城市土地利用效率进行现象描述，从时空二维视角来刻画其时序演进规律和识别空间特征的研究还比较少。

### 2.2.3　关于城市土地利用效率影响因素的文献综述

对城市土地利用效率影响因素的研究产生了丰富的研究成果。现有研究可以分为两类。

一类是研究单个影响因素与城市土地利用效率的关系，主要从经济发展水平、产业结构、土地市场化程度、城市空间紧凑度、城镇化、土地收益分配制度、区域一体化等方面展开。由于研究时间、研究范围及相关指标的选择不同，得出的研究结论也有所不同。如匡兵等（2018）[69]认为湖北省的经济发展水平与城市土地利用效率之间存在"U"形的"库兹涅茨"曲线效应。Xie等（2018）[25]认为在长江中游城市群，人均GDP与工业用地利用效率呈"N"形曲线关系。Masini等（2019）[70]分析了欧洲17国417个城市增长和土地利用效率的关系，认为越富裕的城市，土地利用效率越高。梁流涛等（2017）[71]分析了经济聚集、产业结构调整对城市土地利用效率的影响，认为现阶段经济聚集会促进中国城市土地利用效率的提高，资本密度对城市土地利用效率的影响大于就业密度和人口规模，城市产业结构优化能够提高土地利用效率。何好俊等（2017）[45]认为产业结构合理化与土地利用效率之间相互促进。Chen等（2018）[57]分析了产业转移对我国工业用地利用效率影响，认为化工橡胶业、矿产制造业、机械制造业的产业转移对提高工业用地利用效率具有明显的积极作用，而食品饮料业、轻纺业和高技术制造业的产业转移对工业用地效率影响不显著。罗能生等（2016）[47]分析了土地市场化程度对全国35个省会城市、直辖市和副省级城市的城市土地利用效率的影响，认为土地的市场化程度与城市土地利用效率之间存在"U"形曲线关系。黄振雄等（2019）[72]分析了土地财政对土地利用效率的影响，认为土地财政对土地利用效率的影响为倒"U"形，超出6.38拐点的土地财政对土地利用效率的影响由正转负。Zhao等（2018）[73]以京津冀地区的13个城市为例，分析了新型城镇化与城市土地生态效率的关系，认为新型城镇化对城市土地利用效率的影响呈现"N"形曲线变化，随着新型城镇化的发展，城市土地生态利用效率将会先上升，后下降，最后再上升。李佳佳等（2015）[74]用门槛面板模型分析了我国城镇化进程对城市土地利用效率的影响，认为我国城镇化率对城市土地利用效率呈负向影响，城镇化率越高，这种影响的负向作用越大。Chen等（2017）[75]以长三角地区25个城市为研究对象，测算了地方政府官员特征与城市建设用地规模和效率的关系，认为地方官员的来源和任期对城市建设用地规模和效率具有显著影响。Song等（2018）[76]认为在中国经济进入新常态的情况下，创新对土地利用效率的提高具有重要的作用。钟成林等（2016）[77]认为土地收益分配制度对城市建设土地利用效率具有显著影响，影响是非线性的，且存在单一或双门限效应。杨君等（2019）[40]认为长江中游城市群的区域一体化与城市土地利用效率间存在相互影响、相互约束的耦合关系。Gao等（2020）[78]以武汉都市圈为例，分析了区域经济一体化对城市土地利用效率的影响，认为大城市的区域经济一体化可以促进资源的优化配置，提高城市土地利用效率。龙开胜等（2018）[51]分析了长江三角洲26个城市的土地利用效率与土地稀缺度的交互影响。Cui等（2019）[31]认为山东半岛城市群的高速交通建设与土地利用效率之间显著正相关。Ye等（2018）[79]通过对无锡市294家工业企业问卷调查的分析，认为产权不完全的集体土地会降低工业企业的土地利用效率。

另一类是分析城市土地利用效率的综合影响因素。刘秋蓉等（2019）[46]认为经济发展水平是城市土地利用效率的主要驱动力，人口密度对城市土地利用效率有"先扬后抑"的影响效果，政府干预和产业服务化会促进城市土地利用效率水平的提升，而固定资产投资和公共服务设施有抑制作用。Yu等（2019）[28]认为经济发展水平、产业结构升级和对外开放会显著促进我国城市群的城市土地利用效率，而人口密度、土地财政则起到显著的抑制作用。李璐等（2018）[52]认为社会经济因素与城市土地利用效率空间分布一致性最高，其他主导因素包括城镇化率、产业结构、人均GDP和外商直接投资等。卢新海等（2018）[53]认为外商直接投资额、人均GDP和财政支出对长江中游城市群的城市土地利用效率有正向影响，新增建设用地面积的影响为负，城市新增人口数的影响不显著。胡碧霞等（2018）[80]认为政策、城市化、城市规模、社会结构和环境因素是导致城市土地利用效率差异的主要原因。万娟娟等（2018）[44]认为城市经济发展水平、产业结构会提升城市土地利用效率，土地资源丰度、城市化水平、城市规模起到抑制作用。谢花林等（2016）[68]认为人均GDP、第三产业占比和土地利用强度可以促进鄱阳湖生态经济区城市土地利用效率的提升。Wu等（2017）[62]认为全球化发展对长三角地区的城市土地利用效率有明显的促进作用，引进外资可以显著促进该地区城市土地利用效率的提升，市场化和权力下放通过区域一体化显著提升了长江三角洲的城市土地利用效率，长三角不同地区城市土地利用效率的影响因素存在差异。Cao等（2019）[20]认为不同地区土地利用效率的驱动因素不同，对于东部沿海地区，应该重点发展对外贸易和提高固定资产投资额，对于西部地区，应该重点提高综合经济发展水平和加强环境保护。Zhu 等（2020）[81]以我国35个特大城市为例，研究了城市土地利用效率的主要驱动因素，认为经济发展水平、基础设施建设、市场化程度对城市土地利用效率有较大的促进作用，而土地系统指数对城市土地利用效率起到负向影响的作用。

现有关于城市土地利用效率影响因素的研究取得了丰富的成果，为本研究提供了很好的参考，但是现有研究在讨论城市土地利用效率的影响因素时，多注重实证分析，缺乏对理论机制的阐述。另外，现有研究多用 Tobit 模型、灰色关联度模型、门槛回归模型、GMM 模型等普通回归模型，较少考虑不同地区城市土地利用效率的空间溢出效应。杨喜（2020）[82]考虑了新旧动能转换下中国城市土地绿色利用效率的空间溢出效应，但现有的相关研究仍然比较少。

### 2.2.4 关于中国西北地区城市土地利用的文献综述

现有针对中国西北地区城市土地利用的研究比较少，仅有个别学者对新疆地区、甘肃省和西北矿业城市的城市土地利用问题进行了研究。如马轩凯等（2017）[83]以新疆库尔勒市为例，通过熵值法对西北干旱地区绿洲城市土地生态安全进行了动态评价。赵中阳等（2016）[84]用 Super-SBM 模型测算了新疆维吾尔自治区的城市土地利用效率，认为新疆的效率水平整体偏低，且表现出明显的区域差异、规模等级差异、路径依赖等特征。朱立祥等（2020）[85]用 SBM 模型分析了 2005—2016 年甘肃省 14 市州的城市土地利用效率，认为甘肃省的城市土地利用效率呈现波动上升趋势，且各市州间差异明显，效率值在南部民族地区、河西地区、陇东地区、陇中地区和陇南地区依次递减。Liu 等（2019）[86]认为中国北方干旱地区城市土地的快速扩张对该地区的可持续发展造成了损害。Yuan 等（2019）[87]使用熵权法计算了我国西部 36 个矿业城市的土地利用效率，认为我国西部矿业城市的土地利用效率具有显著的空间相关性。

### 2.2.5 文献综述

现有研究成果为本研究提供了很好的参考，但是也存在一些可以拓展的空间，主要表现在以下几个方面：

第一，现有研究主要集中在全国层面、主要城市群、长江经济带以及经济发达地区的重点省份和城市，而对于中国西北地区城市土地利用效率的研究较少。中国国土资源分布不均，全国整体或东部发达地区城市土地利用的发展经验存在一定的地域局限性。中国西北地区生态环境脆弱、经济发展落后、人口密度低、土地利用效率低，西北地区的城市土地利用存在独特的问题。王向东等（2019）[48]认为越发达的城市土地集约利用潜力挖掘越困难，越落后的城市土地集约挖潜越容易，对中国西北地区的城市土地利用问题进行研究具有重要的理论和现实意义。

第二，在城市土地利用效率测算的研究中，现有文献对测算实现机理的分析不足，说服力有待加强。由于缺乏机理分析，在城市土地利用效率的评价指标体系构建时，指标的选取较为多样，不同指标的测算结果之间有较大差异，导致不同的决策者对同一问题的决策结果会有差异。本书基于中国西北地区城市土地利用的基本特征，阐述中国西北地区城市土地利用效率的实现机理，依据实现机理选择合适的指标，对中国西北地区的城市土地利用效率进行评价。

第三，在城市土地利用效率时空分异的研究中，现有文献多是基于管理学或经济学视角的现象描述，从时空二维视角来刻画其时序演进规律和识别空间特征的研究较少。本书将静态与动态相结合、时间与空间相结合，综合分析西北地区城市土地利用效率的差异特征、演变特征、空间关联性及时空动态变化特征。

第四，在城市土地利用效率的影响因素研究中，现有研究多重视计量分析，对影响因素作用机理的分析较少。本书构建了中国西北地区城市土地利用效率影响因素的理论分析框架，厘清具体的影响因素，分析各个影响因素对城市土地利用效率的作用机理。另外，目前的定量分析方法主要以 Tobit 回归、门槛回归等普通面板回归模型为主，大多数研究忽略了城市土地利用效率可能存在的空间相关性及空间异质性。本书将在 Tobit 回归模型的基础上，通过空间计量模型考察在考虑了空间溢出效应的情况下，各影响因素的作用效果有何不同。

## 2.3　理论基础

### 2.3.1　土地集约利用理论

早在约 1500 年前，我国农学家贾思勰在《齐民要术》中写道，"凡人家营田，须量己力，宁可少好，不可多恶"，强调经营土地需量力而行，宁可少种精作，不可广种薄收，这一思想体现了土地集约利用的理念。学术界比较公认的土地集约利用概念正式的提出者是英国古典经济学家大卫·李嘉图（David Ricardo），他是在对农业用地的研究中正式提出这一概念，表示在一定的土地上，通过投入劳动等其他生产资料，利用先进的管理和技术方法，获得较高收入的农业生产经营形式。理查德·西奥多·伊利（Richard Theodore Ely）于1982年在《土地经济学原理》一书中提出，地价的增长使人们不得不高度集约利用土地。欧美国家的一些学者提出的"精明增长"和"紧凑城市"理论也强调了对城市土地的集约利用[88]。乔治·丹泽（George Dantzig）和托马斯·萨蒂（Thomas Satty）在1973年提出了"紧凑城市"的理念，从功能紧凑、结构紧凑和规模紧凑方面提出了土地高效利用的新观点[89]。全美规划师协会（APA）于2000年提出了"精明增长"的城市发展模式，"精明增长"模式通过协调政府财政支出与收缩城市治理的手段，强调对现有土地高效利用，收缩城市边界，从而达到"精明增长"的目的。2002年，APA又出台了《精明增长的立法指导手册》，该模式得到了政府大力支持，效果明显。"精明增长"理念下的"城市增长边界"成为抑制城市土地盲目扩张的重要措施，紧凑型开发能通过减少出行距离和保护土地来实现城市土地的可持续性增长（Echenique 等，2012）[90]。

城市土地集约利用是既达到了规模收益，又达到了结构和规模利用合理的要求，从而实现城市土地产出效益的最大化。随着经济社会的发展，土地资源的稀缺性与各行各业用地需求持续增长之间的矛盾日益凸显。与粗放的土地利用方式相比，集约利用城市土地是人类社会可持续发展的必然要求。中国西北地区生态环境脆弱，可利用的城市土地少，在土地资源有限的前提下，只有转变土地利用方式，减少城市建设、产业发展对土地的过度占用，才能为区域的长足发展留足土地空间。

### 2.3.2　区位理论

区位理论是区域经济学的基础理论，最早起源于对农业生产力布局的研究。1826年，德国经济学家约翰·海因里希·冯·杜能（Johann Heinrich von Thünen）在《孤立国同农业和国民经济的关系》一书中提出了农业区位论，详细分析了农业布局的区位选择问题。杜能设计了最早的农业区位选择模型，即杜能圈。杜能的孤立国的农作圈包括六个圈层：第一层为自由农作圈，主要生产蔬菜、牛奶等鲜活产品；第二层为林业圈，主要生产木材，作为城市能源；第三层为轮作农业圈，主要生产谷物；第四层为谷草农业圈，主要生产谷物和畜产品，以谷物为主；第五层为三圃式农作圈，主要生产谷物和畜产品，佀是以畜产品为主；第六层是畜牧圈；第六层以外为荒野。杜能认为，农作物种植的方式和布局受到地块到城市距离的影响，城市周围土地的利用类型及农业的集约化程度是由与城市距离远近而形成的同心圆模式。在农业区位论的基础上，德国经济学家阿尔弗雷德·韦伯（Alfred Weber）于1909年出版的专著《工业区位理论：区位的纯粹理论》中提出了工业区位理论。韦伯认为，选择工业区位，首先是寻求运费的最低点，其次是劳动费用的最低点。劳动费用对产品的影响有时可能超过运费，当劳动费用的影响较大时，企业可以离开运费最低点，转向劳动费最低点，但是企业所节省的劳动费必须大于增加的运费[91]。韦伯的工业区位理论揭示了形成工业区位的基本动力在于降低成本、提高收益以及因此对工业企业产生的吸引力，这一结论直到今天仍在一定程度上指导着产业空间分布的相关理论研究。德国地理学家克里斯泰勒（W.Chriataller）通过对德国南部城镇的空间模式进行研究，在1933年出版的《德国南部的中心地》一书中提出了中心地理论。他认为一个具有经济活力的区域发展必须有自己的核心，提出了中心地六边形模式。中心地理论为城市空间组织和布局提供了理论基础。德国经济学家奥古斯特·勒施（August Losch）在1940年出版的《经济的空间秩序》一书中提出了市场区位理论，该理论根据利润最大化的原则来选择区位，提出单一化公司产品的销售总量的需求曲线在销售园区内旋转构成圆锥体，区位的选择应该是使利润最大化的点[92]。勒施的市场区位理论的最大特征是以利润最大化原则确定区位，替代了韦伯的成本最小化原则，这种理论演化被认为是区位论研究从古典区位理论进化到近代区位理论的标志。美国空间经济学家埃德加·M.胡佛（Edgar Malone Hoover）在1948年出版的《经济活动的区位》中提出了运输区位理论，认为应该在运输的起讫点或者中间转运点布局企业。美国空间经济学家沃尔特·艾萨德（Walter Isard）将杜能、韦伯、克里斯泰勒和勒施的理论整合成统一的分析框架，于1956年出版了《区位与空间经济》，他被誉为区域科学的创始人。保罗·克鲁格曼（Paul R. Krugman）对古典区位论和近代区位理论进行了改造和创新，提出了空间区位理论，解决了资源在空间上的配置和经济活动的空间区位选择的问题。区位理论对土地的合理布局起到重要的指导作用。

### 2.3.3　效率理论

效率是从物理学引入经济学的概念，可以反映资源配置成果。英国古典经济学家亚当·斯密（Adam Smith）在《国富论》中提出现代经济学的核心是效率论，以分工效率论和竞争效率论为精髓。新古典经济学把效率等同于配置效率，研究可分为两支：一个是阿弗里德·马歇尔（Alfred Marshall）从供需局部均衡的方法来研究配置效率理论，认为完全竞争市场可以实现效率的最大化，即配置效率最优；另一个是意大利经济学家维尔弗雷多·帕累托（Vilfrredo Pareto）提出的帕累托配置效率，在达到帕累托配置效率后，不论哪一种形式的重新配置，都不会存在至少使一个人境况变好同时又不使任何人的境况变坏的情况。效率可以用产出与投入的比值来衡量。Farell（1957）[93]定义了一个多投入的企业效率评价，将效率研究从理论推向了实证。Farell提出的效率包括技术效率和配置效率两部分，技术效率是在投入不变的情况下，企业的实际产出与能达到的最大产出之比，配置效率是在产出一定的情况下，企业的最小成本同实际成本之比。因此，可以用城市土地利用效率来表征城市土地资源利用的合理程度。

### 2.3.4　土地报酬递减规律理论

威斯特于1815年提出的土地报酬递减规律研究的是土地投入与土地产出之间的对比关系，是说土地产出一开始随着土地投入的增加而增加，但是当土地投入达到一定的限度后，其产出会随着投入的增加而减少[94]。前期，西方经济学者把土地报酬递减规律主要局限于农业范畴内，对于该规律的认识也是比较片面的。19世纪中叶以后，土地报酬递减规律得到进一步丰富和完善。英国古典经济学家纳索·威廉·西尼尔（Nassau William Senior）在1836年出版的《政治经济学大纲》中给土地报酬递减规律添加了农业生产技术保持不变的重要假设条件[95]。美国经济学家约翰·贝茨·克拉克（John Bates Clark）1899年在《财富的分配》一书中把生产中的要素分为不变类和可变类，其主要观点有"随着变动要素投入的增加，变动要素的边际生产率是递增的，当边际生产率达到最高点时，变动要素和不变要素的比重是趋于平衡的"，"如果继续增加变动要素，因其增加过多，与不变要素不成比例，妨碍不变要素发挥作用，总产量反而下降"，随后克拉克又把报酬递减规律从农业领域推广到一般生产领域，扩大了土地规模报酬递减规律的适用范围[96]。英国近代经济学家阿弗雷德·马歇尔（Alfred Marshall）在1890年出版的《经济学原理》一书中引入生产函数，采用边际分析法分析了土地报酬递减规律在农业生产单元的适用性[97]。如图2-1所示，x轴代表土地投入，y轴代表土地产出，土地总产量曲线TPP、平均产量曲线APP、边际产量曲线MPP分别达到最高点H、D、I以后不断下降，呈现出倒"U"形，当边际产量为0时，即边际产量曲线MPP与x轴相交于C点时，此时总产量曲线TPP达到最高，C点也是获得最佳产出和最优报酬的点。美国农业经济学家布莱克（J.D. Black）1926年在《生产经济学导论》一书中对边际报酬递减规律做了比较系统的论证，他提出了总产量曲线、平均产量曲线和边际产量曲线的概念和图解，使土地报酬作为不变生产要素的生产率演变成可变生产要素的生产率，从而使土地报酬运动曲线趋于完整，为合理配置资源提供了理论依据。当前，我国城市土地利用的集约程度不平衡，西北地区的城市土地利用方式更为粗放，需要遵循土地报酬递减规律，合理控制城区人口密度、投资强度和容积率，以实现城市土地的可持续利用。

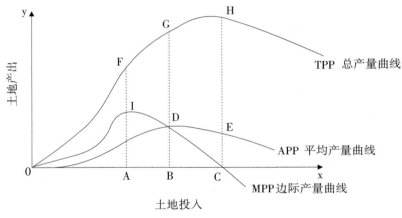

图2-1　土地投入产出分析图

### 2.3.5　地租理论

地租理论起源于17世纪后期的古典经济学。古典经济学和19世纪中期的学者们对地租的研究都是从生产关系的角度，对农业地租进行了深入的研究。英国古典政治经济学家威廉·配第（William Petty）（1662）在《赋税论》中指出地租实际是在土地上生产农作物所获得的剩余收入，这为级差地租理论奠定了基础。法国农业经济学家安·罗伯特·雅克·杜尔哥（Anne Robert Jacques Turgot）（1766）在《关于财富的形成和分配的考察》著作中提出，农业中存在一种特殊的自然生产力，这种"纯产品"由农业劳动者创造，但却被土地所有者占有，这就是地租。英国古典经济学家亚当·斯密（Adam Smith）（1776）在《国富论》中指出，地租是由于需要使用土地而支付给地主的代价，是一种"垄断价格"，这实际上肯定了绝对地租的存在。英国经济学家安德森（Anderson）（1777）在《谷物法本质的研究》中认为，土地产品的价格决定着地租的多寡。19世纪中叶以后，庸俗经济学家出于维护统治阶级的利益丰富了地租理论。英国学者托马斯·罗伯特·马尔萨斯（Thomas Robert Matthus）（1802）在《政治经济学原理的实际应用》中认为地租是"自然对人类的赐予""劣等地不能提供地租"。1803年，法国经济学家让·巴蒂斯特·萨伊（Jean-Baptiste Say）在《政治经济学概论》中认为工人得工资、资本家得利润、土地所有者得地租，每个要素都应得到相应的收入。英国古典经济学家大卫·李嘉图（David Ricardo）（1817）在《政治经济学及赋税原理》中指出"土地的占有产生了地租，而土地的有限性和土地肥沃程度及位置的差异形成了级差地租"。

现代西方经济学主要采取均衡分析、边际分析、供求分析等方法，侧重研究地租的形成和作用。美国经济学家保罗·安东尼·萨缪尔森（Paul Anthony Samuelson）1948年在《经济学》中认为地租是为使用土地所付出的代价。美国经济学家雷利·巴洛维（Raleigh Barlowe）认为地租可以看作是一种经济剩余，即总产值减掉总成本后，剩下的就是地租。如图2-2所示，矩形LNSP代表总产值，矩形MNSR代表总成本，阴影部分LMRP即为地租。马克思主义地租理论指出，资本主义地租的本质是剩余价值的转化形式之一，阐明了绝对地租、级差地租和垄断地租这三种资本主义地租形式[98]，马克思主义地租理论对于研究城市地租同样适用。

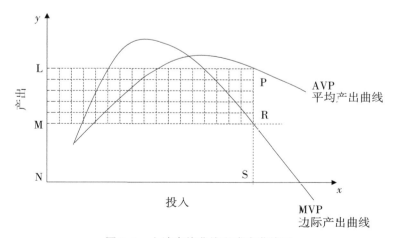

图2-2　土地产值曲线和成本曲线图

### 2.3.6 可持续发展理论

可持续发展理论起源于人们对环境问题的关注。1962年，美国女生物学家蕾切尔·卡逊（Rachel Carson）出版了著作《寂静的春天》，描述了因农药的无节制使用而带来的环境污染的景象，率先为环境污染问题敲响了警钟，产生了以保护环境为主要内容的可持续发展理论的萌芽。1972年6月，联合国在斯德哥尔摩召开的联合国人类环境会议上，首次对地球的环境问题进行了世界范围的讨论，通过了《人类环境宣言》，提出了可持续发展理论的雏形。1987年，世界环境与发展委员会（WCED）在《我们共同的未来》报告中首次对可持续发展的内涵进行了界定。至此，可持续发展理论形成了完整的理论体系。可持续发展理念鼓励人们综合考虑当前利益与长远意义，适当调整自己的生产生活方式，在资源环境的承载能力范围内开展社会经济活动，实现社会经济的可持续发展。土地可持续利用理论最早在1990年由印度农业研究会、美国农业部和美国Rodale研究中心共同举办的"土地持续利用系统"国际研讨会上被提出。土地可持续利用强调：在经济发展方面，土地资源得到合理配置，达到结构优化、使用效率高的水平，不断提高单位面积土地产出的经济效益；在社会发展方面，土地不仅能够满足当代人的需要，还能为子孙后代的发展留足用地空间；在生态环境保护方面，满足各行各业发展用地需求的同时，不破坏土地，不降低土地的质量，不对土地及周边生态环境造成污染和破坏，保障土地资源的持续利用及区域内的生态安全。

具体到中国西北地区，生态环境脆弱，山地、雪地、戈壁、沙漠遍布，可利用土地少，当城市建设、产业发展、生态保护等对土地资源的需求不断增长，尤其是对建设用地的需求不断攀升时，土地资源的相对有限性和人类社会对土地资源的持续增长的需求就会形成尖锐的"人地矛盾"，这也对西北地区土地资源的可持续利用提出了更高要求。

## 2.4 本章小结

本章的内容主要包括三个方面：一是对本研究所涉及的城市土地、城市土地利用和城市土地利用效率这三个概念进行了界定；二是根据研究主题，从城市土地利用效率测度、城市土地利用效率时空分异、城市土地利用效率影响因素和中国西北地区城市土地利用四个方面对现有研究进行了全面的梳理、归纳和总结，并且做了文献评述，提炼出本书的研究视角和创新之处；三是对本书的相关理论基础进行追溯，主要包括土地集约利用理论、区位理论、效率理论、土地规模报酬递减规律理论、地租理论和可持续发展理论，为本研究奠定理论基础。

# 第3章
# 研究区域概况

本章将对本书的研究范围进行界定，包括空间范围和时间范围，简要总结中国西北地区的区域特征，介绍惠及西北地区的三个国家级战略——西部大开发战略、"一带一路"倡议和黄河流域生态保护和高质量发展战略。本章为本书研究的开展做好准备。

## 3.1 区域的界定与划分

### 3.1.1 研究范围

有部分学者将西北地区视为"西北五省（区）"，即陕西、甘肃、宁夏、青海和新疆（聂华林 等，2007）[99]。郑度等[100]在1997年出版的《自然地域系统研究》中，将大兴安岭以西、长城和昆仑山—阿尔金山以北的地区定义为西北地区，具体包括我国的新疆、内蒙古和宁夏的全部地区，以及甘肃和青海的北部地区。在我国1999年实施的西部大开发战略中，把内蒙古自治区也放在西部大开发的省（区）之列，因此有学者在研究时，也将内蒙古视为西北地区（刘学敏，2002）[101]。也有学者对西北地区的划分参照"胡焕庸线"，该线将中国大陆划分为东南半壁和西北半壁，将西北半壁称为西北地区（钟茂初 等，2018）[102]。

综合以上分析，本书研究的西北地区包括陕西省、甘肃省、青海省、内蒙古自治区、宁夏回族自治区和新疆维吾尔自治区这6个省（区）及省内的39个城市。这6个省（区）既包含传统的"西北五省"，又包括在西部大开发战略中的内蒙古自治区，而且都在"胡焕庸线"西北侧或"胡焕庸线"经过的省份。从城市层面看，由于甘肃省的临夏回族自治州和甘南藏族自治州，青海省的海东市、海北藏族自治州、黄南藏族自治州、海南藏族自治州、果洛藏族自治州、玉树藏族自治州和海西蒙古族藏族自治州，新疆的吐鲁番市、石河子市、伊犁哈萨克自治州和昌吉回族自治州的数据不全，本书的研究对象不包括上述区域。故本书所研究的39个城市分别为内蒙古自治区的呼和浩特市、包头市、乌海市、赤峰市、通辽市、鄂尔多斯市、呼伦贝尔市、巴彦淖尔市和乌兰察布市；陕西省的西安市、铜川市、宝鸡市、咸阳市、渭南市、延安市、汉中市、榆林市、安康市和商洛市；甘肃省的兰州市、嘉峪关市、金昌市、白银市、天水市、庆阳市、武威市、张掖市、平凉市、酒泉市、定西市和陇南市；宁夏回族自治区的银川市、石嘴山市、吴忠市、中卫市和固原市；青海省的西宁市；新疆维吾尔自治区的乌鲁木齐市和克拉玛依市。具体的研究范围如图3-1所示。本研究中所用到的地图均是基于自然资源部标准地图服务网站审图号GS（2020）4619号的标准地图制作，底图边界无修改。

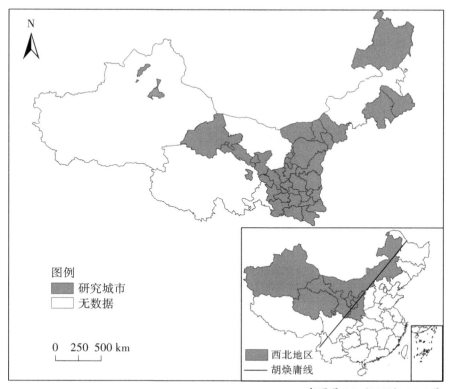

审图号 GS（2020）4619号

图3-1 研究区域示意图

本书的研究对象为中国西北地区的城市土地。西北地区地广人稀，沙漠、戈壁、山地多，平地少，土壤沙化和荒漠化现象严重，而西北地区的城市土地是气候、地形及水土资源条件比较适宜和优越的区域，是适合城市发展和人口聚集的土地。2018年末，本书所选择的39个城市的建设用地面积合计为3903.87平方公里，占西北地区全部建设用地面积（5242.94平方公里）的74.46%[①]，可以反映整个西北地区的城市用地情况。

本书研究的时间范围为2004—2018年。宁夏回族自治区2003年12月31日把中卫县从吴忠市划出，成立了中卫市，并且把吴忠市的中宁县和固原市的海原县划入了中卫市，而中卫市、吴忠市和固原市均在本书的研究样本当中，故考虑到统计口径的一致性，本书的研究起始时间为2004年，研究的时间长度为2004—2018年。

### 3.1.2　城市的分类

城市的职能属性和资源禀赋不同，对建设用地的需求也不同（聂雷 等，2017）[103]。本书所研究的39个城市中，省会中心城市有6个，根据《全国资源型城市名单（2013）》，资源型城市有20个，其他类城市有13个。省会中心城市具有独特的政治、经济和文化中心的功能，是高科技产业和高层次人才的聚集区，是区域的发展中心；资源型城市自然资源富集，对城市土地的需求、土地集约利用程度与非资源型城市也有较大差别。因此，按照城市的功能属性和资源禀赋，将本书所研究的39个城市分为三类：省会中心城市、资源型城市和其他类城市。具体分类名单如表3-1所示。

表3-1　按城市类型划分的西北地区城市名单

| 城市类型 | 城市数量/个 | 城市名单 |
|---|---|---|
| 省会中心城市 | 6 | 呼和浩特市、西安市、兰州市、银川市、西宁市、乌鲁木齐市 |
| 资源型城市 | 20 | 包头市、乌海市、赤峰市、呼伦贝尔市、鄂尔多斯市、延安市、铜川市、渭南市、咸阳市、宝鸡市、榆林市、金昌市、白银市、武威市、张掖市、庆阳市、平凉市、陇南市、石嘴山市、克拉玛依市 |
| 其他类城市 | 13 | 通辽市、巴彦淖尔市、乌兰察布市、汉中市、安康市、商洛市、嘉峪关市、天水市、酒泉市、定西市、吴忠市、中卫市、固原市 |

[①] 数据来源于《中国城市建设统计年鉴》（2018）。

## 3.2 中国西北地区的区域特征

### 3.2.1 土地面积广阔，但可利用土地偏少

中国西北地区面积广阔，所研究的西北六省（区）面积总计415.33万平方公里，占全国总面积的43.26%。从边界上看，西北地区边界线绵长，新疆北面与蒙古国、俄罗斯两国接壤，西面与哈萨克斯坦、吉尔吉斯斯坦等国毗邻，西南与巴基斯坦、阿富汗和印度等国接壤；内蒙古自治区与蒙古国和俄罗斯两国接壤，边界线长达5400多公里。从地形上看，西北地区北起大兴安岭西坡，南沿内蒙古高原东南部边缘，向西南沿黄土高原西部边缘与青藏高原东部边缘相接，地势复杂，既有青藏、蒙新、黄土等高原，又有天山、阿尔金山、祁连山、昆仑山等山脉，还有准噶尔、塔里木、吐鲁番等盆地。从气候上看，西北地区可以明显分为西北干旱、半干旱地区和青藏高原高寒区。其中，西北干旱、半干旱地区干旱少雨，光照充足，热量丰富，以年降水量250 mm为干旱与半干旱的分界线，东半部为草原与荒漠，西半部为极干的荒漠；青藏高原高寒区大部分海拔在3000 m以上，气候高寒。

同时，西北地区可利用土地偏少，仅自然保护区数量就有358个，面积达64.6万平方公里，占西北地区总面积的15.55%[1]。土地利用多以草地畜牧业为主，沙漠、戈壁、盐碱地等未利用土地面积大。2018年，西北地区的土地中：未利用地面积达174.61万平方公里，占西北地区总面积的42.04%；草地面积159.25万平方公里，占总面积的38.34%；耕地面积为36.73万平方公里，占总面积的8.85%；林地面积为32.08万平方公里，占总面积的7.72%；水域面积为8.65万平方公里，占总面积的2.08%；而建设用地面积仅为3.99万平方公里，占西北地区土地总面积的0.96%[2]。图3-2（彩图见前插页）展示了2018年西北地区不同类型土地利用的空间分布情况。本书所研究的西北地区的城市土地，即西北广阔土地中占比不足1%的建设用地中的城市建设用地，是西北地区气候、地形及水土资源条件比较适宜和优越的区域。提高西北地区的城市土地利用效率对整个西北地区的社会经济发展具有重要意义。

---

①数据来源于《中国农村统计年鉴》（2020），由作者整理所得。

②数据来源于中国科学院资源环境与数据中心2018年土地遥感数据，由作者整理所得。

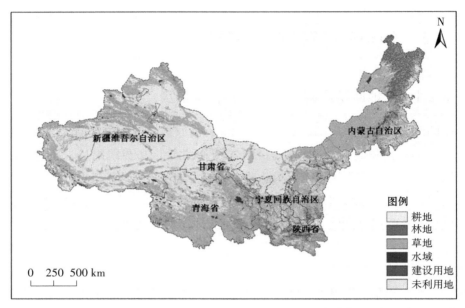

审图号 GS（2020）4619号

图3-2　2018年西北地区不同类型的土地利用空间分布图

### 3.2.2　自然资源丰富，但生态系统脆弱

中国西北地区自然资源丰富。从农业资源看，西北地区农用地规模大，2019年末，西北地区农用地面积达22.06万公顷，占全国农用地64.49万公顷的34.21%[①]。从矿产资源看，西北地区拥有支撑我国现代工业开发所必需的煤炭、石油、稀土、铁矿石等重要资源。内蒙古的稀土和煤炭储量丰富，稀土资源占全国储量的绝大部分，包头市拥有世界上最大的稀土矿山。甘肃玉门油田和长庆油田的石油可采量达6亿吨，镍储量占全国总镍储量的62%，铂储量占全国总量的57%，青海钾盐储量占全国的97%。甘肃金昌是我国重要的铜矿后备基地，内蒙古包头是我国重要的稀土矿后备基地，陕西榆林和新疆克拉玛依是我国重要的石油后备基地，内蒙古鄂尔多斯、陕西延安、甘肃庆阳是我国重要的天然气后备基地，内蒙古呼伦贝尔、鄂尔多斯和陕西榆林是我国重要的煤炭后备基地。从可再生资源看，西北地区风力、光热等可再生清洁能源丰富，开发潜力巨大。

同时，中国西北地区深居欧亚大陆腹地，部分地区属于干旱、半干旱气候类

———————
① 数据来源于《中国农村统计年鉴》（2020），由作者整理所得。

型，远离海洋，年降水量少而蒸发量大，沙漠戈壁广袤，生态环境脆弱，青藏高原、黄土高原是我国重要的生态屏障，生态容量和环境承载力极其有限，部分地区已经达到或接近承载力上限。如图3-3（彩图见前插页）所示，西北地区共有16个生态功能保护区。如其中的祁连山冰川、三江源水源地、甘南黄河水源地、若尔盖草原湿地、阴山北麓草原、阿尔泰山地森林草原等重点生态功能区承担着涵养水源、防风固沙、水土保持、生物多样性维护等重要的生态功能，不适宜大规模的经济活动和人口聚集，西北地区的城市土地建设需要与其脆弱的生态环境相适应。

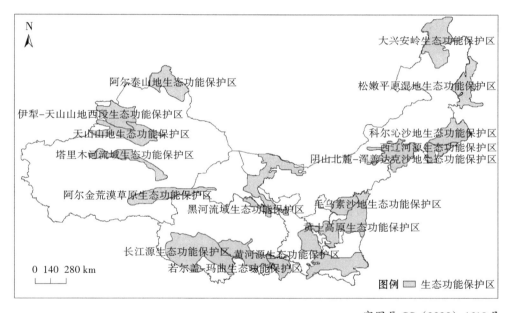

审图号 GS（2020）4619号

图3-3 西北地区生态功能保护区分布图

### 3.2.3 人文历史悠久，但经济发展相对落后

中国西北地区文化地理位置独特，历史积淀深厚。西北自古就是古丝绸之路必经之地，河西走廊是我国通往世界的重要通道。在古代，欧洲、中亚、西亚文明的输入和中华文明的输出，都要经过河西走廊。同时，西北地区多民族聚居，具有"大杂居、小聚居"的特点，是我国中部、东部地区与中亚、西亚等国家进行政治、经济和文化交流的主要地区。另外，西北地区富藏民族文化，如秦汉民

俗文化、草原游牧文化、藏传佛教文化等，留下了丰富的历史文化资源。

中华人民共和国成立以后，西北地区经济发展速度较快，主要得益于"一五""二五"计划和"三线建设"时期国家大规模的投入和生产要素的集聚，以及计划经济时期公有制经济的壮大和能源资源的富集。例如，仅"一五""二五"时期，国家就在甘肃兰州兴建了137个工业项目，早在1968年，兰州工业增加值就达到了9.82亿元，占到全国的2%；即使在1983年，兰州工业增加值还占到全国的0.8%。然而西北地区经济社会发展又在改革开放的大潮中逐渐"褪去光环"。新世纪以来，国家出于缩小东西部差距的目的，实施了西部大开发战略，各种政策、资源不断向西部地区倾斜，一定程度上促进了西北地区经济社会发展。但与东部地区相比，无论是经济总量还是发展质量，西北地区仍然处于较低水平。例如，从GDP排名看，西北六省大部分排名相对靠后，除陕西排名提升较快外，从2000年的21名提升到2019年的14名，其他五省2000—2019年间排名变化不大，甘肃、宁夏、青海、新疆、内蒙古排名（2000年/2019年）分别为26/27、29/29、30/30、25/25、24/20。从人均GDP看，2019年陕西、甘肃、宁夏、青海、新疆、内蒙古分别为66649元、32995元、54217元、48981元、54280元、67852元，均远远低于全国平均水平（2019年全国人均GDP达到70892元），其中，人均GDP排名第一的北京市是排名倒数第一的甘肃省的4.98倍[①]。从产业发展和结构看，除陕西外，其他五省基本完成"三二一"结构转型，2019年陕西、甘肃、宁夏、青海、新疆、内蒙古一、二、三产业比分别为7.7∶46.4∶45.8、12∶32.8∶55.1、7.5∶42.3∶50.3、10.2∶39.1∶50.7、13.1∶35.3∶51.6、10.8∶39.6∶49.6。但西北地区产业发展长期依靠能源资源等要素驱动，产业同构性问题突出，主导产业与全球产业链、价值链、供应链、生态链不匹配问题也较为突出，相互之间的产业梯度存在落差，并且人才等要素流失严重，部分地区产业发展呈现恶性循环态势。

### 3.2.4　城市规模有限，基础设施配套不足

中国西北地区城市的数量少、规模小，城镇体系也不健全，多以小城市为主，中大型城市较少。截至2019年底，西北六省（区）城镇人口总计7259万人，占全国城镇人口的比重只有8.56%，六个省（区）中，只有内蒙古城镇化率达到

---

① 数据来源于《中国统计年鉴》（2020）。

63.37%，超过全国城镇化率平均水平，其他五省（区）的城镇化率均低于60%。而且西北地区的城市中，只有西安是特大城市，其他大部分城市都是人口在50万以下的 Ⅰ 型、Ⅱ 型小城市，缺少50万～100万人口的中等城市和300万～500万人口的 Ⅰ 型大城市。

同时，西北地区基础设施配套不足，历史欠账较多。一方面，交通设施建设较为滞后，西北大部分地区路网密度偏低，道路等级和质量较低；另一方面，城市基础设施建设也较为滞后，无论是在供水量、人均生活用水量、供水能力，还是在实有房屋建筑面积、铺装道路面积等指标上，都远远低于全国平均水平。

## 3.3 西北地区所涉及的主要国家战略

### 3.3.1 西部大开发战略

为了解决区域发展不平衡问题，中国政府在1999年提出了西部大开发战略，该战略是我国执行时间最长、税收优惠力度最大的一项区域性政策（罗鸣令 等，2019）[104]。2000年1月，中国部署西部大开发战略，国务院成立了西部地区开发领导小组；2001年，正式出台西部大开发政策《国务院关于实施西部大开发若干政策措施的通知》，要求有步骤、有重点地推进西部大开发，提出了加快基础设施建设、加强生态环境保护和建设、巩固农业基础地位、调整工业结构、发展特色旅游业等重点任务。2010年，国务院出台《中共中央国务院关于深入实施西部大开发战略的若干意见》，继续支持西部经济社会发展，规定了相关的优惠政策，如对设在西部地区的鼓励类产业企业减按15%的税率征收企业所得税，公共基础设施、环境保护、节能节水等项目可享受企业所得税"三免三减半"的优惠。在土地政策方面，实行差别化的土地政策，安排年度用地指标时，向西部地区倾斜，而且工业用地出让金的标准按照《全国工业用地出让最低价标准》的10%～50%执行。2020年5月17日，中共中央、国务院颁布《中共中央国务院关于新时代推进西部大开发形成新格局的指导意见》，标志着西部大开发战略进入新时代，强调要继续做好西部大开发工作，推动质量变革、动力变革，实现西部地区更高质量和可持续发展。西部大开发战略涉及西部地区的12个省、市、自治区①，本书研究的西北地区（内蒙古、陕西、甘肃、青海、宁夏、新疆）均在西部大开发战略惠及的地区之内。

### 3.3.2 "一带一路"倡议

"一带一路"倡议指的是"丝绸之路经济带"和"21世纪海上丝绸之路"的合作倡议，分别由习近平总书记于2013年9月在哈萨克斯坦纳扎尔巴耶夫大学演讲和2013年10月在印度尼西亚国会演讲时提出（刘卫东，2015）[105]。2015年3月，国家发改委、商务部、外交部在博鳌亚洲论坛上联合发布了《推动共建丝绸之路经济带和21世纪海上丝绸之路的愿景与行动》[106]，标志着"一带一路"倡议进入全面建设阶段。"一带一路"倡议是横跨亚欧大陆的合作倡议，旨在实现"一带一路"共建各国互利共赢和亚欧大陆经济一体化。

"一带一路"倡议中的"丝绸之路经济带建设"对于推进中国经济重心西移，优化中国城市和人口布局具有重要意义（白永秀 等，2014）[107]，该倡议为西北地区提供了很好的机遇，使西北地区成为丝绸之路经济带的核心区，东部企业走向"丝绸之路"市场需要在西北地区进行产业转移，在西北地区建立产业基地，从而促进西北地区经济社会发展。"丝绸之路经济带"所涉及的我国省份包括陕西、甘肃、青海、宁夏、新疆、重庆、四川、云南和广西。本书所研究的西北6个省（区）中，陕西、甘肃、青海、宁夏和新疆属于"丝绸之路经济带建设"所惠及区域。

### 3.3.3 黄河流域生态保护和高质量发展战略

2019年9月，习近平总书记在黄河流域生态保护和高质量发展座谈会上提出，黄河流域是我国重要的生态屏障和重要的经济地带，是打赢脱贫攻坚战的重要区域，黄河流域生态保护和高质量发展是重大国家战略[108]。黄河流域生态保护和高质量发展被提升到了国家战略的高度，这对于该区域借力国家战略支持，发挥后发优势，破解生态保护与发展的协同难题，实现黄河流域的高质量发展具有重要意义。在我国颁布的《"十四五"规划和2035年远景目标纲要》中，对推进黄河流域生态保护和高质量发展提出了新要求，包括加大黄河上游重点生态系

---

① 实施西部大开发战略的12个省（市、自治区）分别为：四川省、陕西省、甘肃省、青海省、云南省、贵州省、重庆市、广西壮族自治区、内蒙古自治区、宁夏回族自治区、新疆维吾尔自治区、西藏自治区。

统保护和修复力度，创新中游黄土高原水土流失治理模式，优化中心城市和城市群发展格局，实施黄河文化遗产系统保护工程等。

本书所研究的西北6个省（区）中，除了新疆外，陕西、甘肃、青海、内蒙古和宁夏这5个省（区）都在黄河流域范围内，而且都属于黄河中上游地区，属于生态环境比较脆弱的区域，这5个省（区）的发展需要符合黄河流域生态保护和高质量发展的要求。

## 3.4　本章小结

本章确定了本书的研究范围，空间范围为西北6个省（区）的39个城市，时间范围为2004—2018年。接着总结了西北地区的区域特征：一是土地面积广阔，但可利用土地偏少；二是自然资源丰富，但生态系统脆弱；三是人文历史悠久，但经济发展相对落后；四是城市规模数量有限，基础设施配套不足。西北地区面积广阔，生态环境脆弱，可用作城市建设的土地面积少，而且西北地区具备承接东部地区产业转移的需求和资源、产业条件，承接东部地区的产业转移也给西北地区的城市土地利用带来了新的压力，西北地区更需要实现城市土地的集约利用，对西北地区的特征分析进一步点明了本书的研究主题。此外，本章阐述了惠及西北地区的三个国家级战略：西部大开发战略、"一带一路"倡议和黄河流域生态保护和高质量发展战略，西北地区要提高城市土地利用效率、实现城市土地的集约利用也需要借助国家的优惠政策，顺势而为。本章为第4、5、6、7章的研究做好了铺垫。

# 第4章
# 中国西北地区城市土地利用的现状分析

城市土地规模及结构的调整，既是城市空间拓展的重要标志，反映出城市扩张的速度和趋势，又可以体现出城市的功能定位（李江和郭庆胜，2002）[109]。通过对西北地区城市土地利用现状的分析，可以对该地区城市土地利用的规模、结构、产出效益、变动趋势以及区域差异做整体的把控，同时，对城市土地利用现状的分析也是进行效率测度和分析影响因素的基础。本章从西北地区城市土地利用规模、城市土地利用结构及城市土地的产出效益和环境问题三个方面阐述西北地区的城市土地利用现状。

## 4.1  中国西北地区城市土地利用规模分析

### 4.1.1  中国西北地区城市建设用地面积分析

#### 4.1.1.1  西北地区整体建设用地面积分析

改革开放以来，中国的城镇化水平迅速提高（中国经济增长与宏观稳定课题组，2009）[110]，城市土地是城镇化的空间载体，随着城镇化的推进，城市建设用地面积迅速扩张。如图4-1所示，2004—2018年，全国的城市建设用地面积从30781.28平方公里增长到56075.9平方公里，增长了82.18%，而西北地区的城市建设用地面积也从2004年的2614.24平方公里增长到2018年的5242.94平方公里，

增长了100.55%[①]。西北地区城市建设用地面积占全国城市建设用地面积的比重
呈波动上升趋势，2004年西北6个省（区）的城市建设用地面积占全国的比重为
8.49%，2004—2006年小幅上升，2007年又大幅下滑至8.20%。2009—2014年西
北地区城市建设用地面积占全国城市建设用地面积的比重呈逐年大幅度上升趋
势，原因可能是2008年全球金融危机爆发。各地方政府为了刺激经济把大量资
金投入到了基础建设项目，伴随而来的是城市用地规模的扩张。西北地区城市用
地扩张的成本较低，吸引东部地区的产业转移，导致西北地区的城市建设用地占
全国城市建设用地的比重不断攀升。2014—2018年，这一比重的上升势头减缓，
但2016—2018年仍然呈逐年上升态势。2018年，西北地区的城市建设用地面积
占全国的比重为9.35%，达到研究期间的最高值。

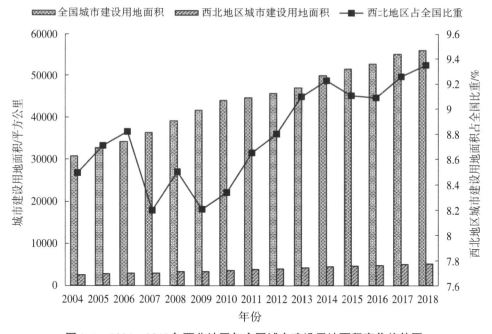

图4-1　2004—2018年西北地区与全国城市建设用地面积变化趋势图

从城市建设用地面积增速的变动趋势来看（图4-2），2004—2018年，西北
地区与全国城市建设用地面积增速均呈现波动下降趋势，除个别年份外，西北地
区城市建设用地面积增速均大于全国平均增速。具体来说，2004—2009年，西

———————————

① 此部分西北地区的城市建设用地面积是陕西、甘肃、青海、内蒙古、宁夏和新疆6个
省（区）城市建设用地面积的合计，数据来源于历年《中国城市建设统计年鉴》。

北地区城市建设用地面积增长速度波动较大。2007年，西北地区城市建设用地增长速度大幅下滑，为−1.08%，主要是宁夏的城市建设用地面积大幅降低。2010—2018年，西北地区城市建设用地面积增速的变化趋势基本与全国保持一致。除了2007年以外，西北地区的城市建设用地面积增速均高于全国平均增速，说明该时间段内西北地区的城市用地扩张速度快于全国平均水平。

根据上一章的分析，西北地区生态环境脆弱，可利用土地少，即便在这样的情况下，西北地区的城市建设用地扩张速度仍然高于全国平均水平，西北地区城市建设用地面积占全国城市建设用地面积的比重在不断增加，这进一步说明西北地区城市土地利用粗放，更值得去研究，以促进西北地区城市土地的节约集约利用。

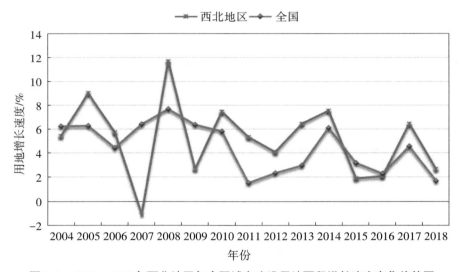

图4-2　2004—2018年西北地区与全国城市建设用地面积增长速度变化趋势图

#### 4.1.1.2　西北地区各城市的建设用地面积分析

上一小节分析了西北地区城市建设用地面积的整体情况、变化趋势以及与全国平均水平的比较，在本小节中，将进一步分析本书所研究的西北地区39个城市的建设用地变化情况。

由表4-1可知，2004—2018年，除个别城市外，西北地区39个城市的城市用地规模均呈现不同程度的扩张，城市建设用地面积年均增速大于10%的城市有10个，其中吴忠市和鄂尔多斯市的建设用地面积年均增速分别高达56.16%

和37.68%，剩下8个年均增速高于10%的城市分别为陇南市（21.73%）、嘉峪关市（14.98%）、赤峰市（14.21%）、西安市（12.24%）、中卫市（11.44%）、巴彦淖尔市（11.08%）、汉中市（10.94%）和乌鲁木齐市（10.59%）。城市建设用地面积年均增速在3%以下的城市也有10个，其中乌海市的年均增速为−1.79%，是西北地区唯一一个城市建设用地面积出现下降的城市，剩余的9个城市分别为安康市（0.07%）、金昌市（2.12%）、石嘴山市（2.32%）、白银市（2.34%）、铜川市（2.35%）、天水市（2.38%）和延安市（2.50%）。城市用地增速小于3%的10个城市中，除了天水市外，其余的9个城市均为资源型城市。

表4-1　2004—2018年西北地区39个城市的建设用地面积

| 城市名称 | 建设用地面积/平方公里 | | | | | | | | 年均增速/% |
| | 2004年 | 2006年 | 2008年 | 2010年 | 2012年 | 2014年 | 2016年 | 2018年 | |
|---|---|---|---|---|---|---|---|---|---|
| 呼和浩特 | 135.26 | 147.66 | 153.95 | 166.14 | 209.63 | 264.93 | 232.95 | 242.77 | 5.30 |
| 包头 | 123.61 | 124.15 | 130.93 | 184.05 | 186.00 | 190.46 | 195.79 | 195.79 | 3.89 |
| 乌海 | 55.73 | 56.73 | 56.73 | 56.73 | 56.93 | 56.86 | 41.60 | 40.78 | −1.79 |
| 赤峰 | 32.99 | 56.19 | 70.83 | 87.05 | 78.68 | 82.05 | 53.84 | 103.29 | 14.21 |
| 通辽 | 32.30 | 32.70 | 50.50 | 65.80 | 74.44 | 61.20 | 61.20 | 62.50 | 6.23 |
| 鄂尔多斯 | 17.72 | 77.83 | 69.04 | 142.58 | 155.00 | 113.23 | 116.42 | 117.87 | 37.68 |
| 呼伦贝尔 | 28.00 | 28.00 | 28.00 | 75.32 | 102.13 | 59.46 | 59.46 | 59.46 | 7.49 |
| 巴彦淖尔 | 19.00 | 32.38 | 32.47 | 37.00 | 35.00 | 114.60 | 61.09 | 50.59 | 11.08 |
| 乌兰察布 | 30.00 | 34.86 | 34.86 | 38.41 | 39.00 | 52.18 | 52.18 | 53.26 | 5.17 |
| 西安 | 232.06 | 277.31 | 369.62 | 277.31 | 318.00 | 434.00 | 513.30 | 657.99 | 12.24 |
| 铜川 | 36.13 | 38.19 | 39.27 | 46.87 | 48.85 | 44.11 | 44.11 | 48.85 | 2.35 |
| 宝鸡 | 45.95 | 62.54 | 63.75 | 82.65 | 96.78 | 86.36 | 89.15 | 92.55 | 6.76 |
| 咸阳 | 50.40 | 66.23 | 54.54 | 65.00 | 69.30 | 72.05 | 90.38 | 72.13 | 2.87 |
| 渭南 | 33.83 | 42.11 | 42.36 | 52.11 | 42.57 | 47.43 | 63.18 | 65.44 | 6.23 |
| 延安 | 29.79 | 24.07 | 24.07 | 24.07 | 24.06 | 35.99 | 40.97 | 40.98 | 2.50 |
| 汉中 | 21.07 | 21.07 | 21.07 | 21.07 | 31.05 | 33.05 | 41.55 | 55.64 | 10.94 |

续表 4-1

| 城市名称 | 建设用地面积/平方公里 | | | | | | | | 年均增速/% |
|---|---|---|---|---|---|---|---|---|---|
| | 2004年 | 2006年 | 2008年 | 2010年 | 2012年 | 2014年 | 2016年 | 2018年 | |
| 榆林 | 35.74 | 36.00 | 36.00 | 40.00 | 40.00 | 61.30 | 69.52 | 66.80 | 5.79 |
| 安康 | 44.50 | 27.00 | 29.00 | 29.90 | 37.00 | 39.49 | 45.00 | 45.00 | 0.07 |
| 商洛 | 10.42 | 10.66 | 10.85 | 12.30 | 12.83 | 16.20 | 19.00 | 19.70 | 5.94 |
| 兰州 | 141.06 | 150.60 | 153.95 | 184.64 | 198.07 | 280.65 | 308.43 | 320.68 | 8.49 |
| 嘉峪关 | 32.35 | 33.13 | 42.30 | 46.30 | 61.93 | 67.75 | 72.11 | 105.03 | 14.98 |
| 金昌 | 33.40 | 25.66 | 36.71 | 36.71 | 39.35 | 40.21 | 43.05 | 44.00 | 2.12 |
| 白银 | 49.02 | 49.58 | 48.60 | 53.42 | 56.82 | 60.19 | 62.03 | 66.20 | 2.34 |
| 天水 | 41.29 | 42.13 | 42.24 | 42.24 | 45.80 | 45.80 | 50.82 | 56.00 | 2.38 |
| 武威 | 22.24 | 22.24 | 22.98 | 24.31 | 30.35 | 30.85 | 31.95 | 33.89 | 3.49 |
| 张掖 | 21.10 | 25.80 | 26.10 | 33.40 | 32.98 | 35.16 | 39.81 | 44.40 | 7.36 |
| 平凉 | 20.03 | 32.99 | 33.04 | 33.11 | 33.19 | 35.56 | 38.33 | 40.74 | 6.89 |
| 酒泉 | 27.05 | 27.76 | 29.00 | 30.57 | 39.05 | 41.35 | 42.83 | 44.42 | 4.28 |
| 庆阳 | 14.52 | 14.70 | 16.34 | 20.15 | 22.63 | 25.41 | 24.12 | 24.96 | 4.79 |
| 定西 | 14.88 | 15.46 | 16.17 | 18.50 | 14.02 | 32.80 | 23.76 | 24.84 | 4.46 |
| 陇南 | 3.00 | 9.10 | 9.10 | 9.20 | 9.20 | 9.20 | 9.68 | 12.78 | 21.73 |
| 西宁 | 62.06 | 63.94 | 64.92 | 66.77 | 75.00 | 83.85 | 87.16 | 95.17 | 3.56 |
| 银川 | 89.20 | 105.66 | 110.77 | 120.57 | 135.11 | 160.79 | 170.70 | 183.77 | 7.07 |
| 石嘴山 | 53.00 | 65.85 | 84.19 | 37.72 | 50.75 | 51.27 | 53.47 | 71.44 | 2.32 |
| 吴忠 | 5.85 | 25.22 | 23.55 | 27.85 | 38.44 | 46.56 | 53.29 | 55.13 | 56.16 |
| 中卫 | 10.71 | 18.60 | 25.78 | 34.01 | 35.35 | 37.94 | 27.76 | 29.09 | 11.44 |
| 固原 | 23.27 | 24.43 | 27.53 | 29.72 | 33.35 | 38.37 | 33.59 | 39.03 | 4.52 |
| 乌鲁木齐 | 173.26 | 235.88 | 302.80 | 342.67 | 368.40 | 412.26 | 436.00 | 448.36 | 10.59 |
| 克拉玛依 | 50.42 | 47.74 | 53.11 | 49.52 | 56.38 | 68.17 | 70.59 | 72.55 | 2.93 |

| 城市名称 | 建设用地面积/平方公里 | | | | | | | | 年均增速 /% |
|---|---|---|---|---|---|---|---|---|---|
| | 2004 年 | 2006 年 | 2008 年 | 2010 年 | 2012 年 | 2014 年 | 2016 年 | 2018 年 | |
| 省会中心城市小计 | 832.90 | 981.05 | 1156.01 | 1158.10 | 1304.21 | 1636.48 | 1748.54 | 1948.74 | 8.93 |
| 资源型城市小计 | 756.62 | 905.70 | 945.69 | 1153.97 | 1231.95 | 1205.31 | 1237.45 | 1314.90 | 4.92 |
| 其他类城市小计 | 312.69 | 345.40 | 385.32 | 433.67 | 497.26 | 627.29 | 584.18 | 640.23 | 6.98 |
| 西北地区合计 | 1902.21 | 2232.15 | 2487.02 | 2745.74 | 3033.42 | 3469.08 | 3570.17 | 3903.87 | 7.02 |

数据来源于历年《中国城市建设统计年鉴》，由作者整理所得。

按照本书第3章所述的城市分类来看，省会中心城市的城市建设用地面积大，扩张速度快；资源型城市的用地扩张速度相对较慢；其他类城市的用地扩张速度快于资源型城市，但是城市规模小、面积小。2018年末，西北地区6个省会中心城市的城市建设用地面积合计为1948.74平方公里，约占所研究的西北地区39个城市的建设用地面积总数的一半，年均增速为8.93%，远高于资源型城市和其他类城市的平均增速。2018年末，资源型城市的建设用地面积为1314.90平方公里，2004—2018年，资源型城市建设用地面积的年均增速为4.92%。2018年末，13个其他类城市的建设用地面积仅为640.23平方公里，占所研究的西北地区39个城市总面积的16%，年均增速为6.98%，该类型城市建设用地面积的增速小于省会中心城市但是大于资源型城市。

### 4.1.2 中国西北地区土地城镇化水平分析

土地城镇化是指随着城镇化的推进，土地的利用属性由农业用地变成工业用地，土地的产权属性由农村集体所有变为国有土地的过程（吕萍 等，2008）[111]，也就是非城镇用地向城镇用地转化的过程（杨洋 等，2015）[112]。土地城镇化与人口城镇化一起，作为衡量我国城镇化水平的重要指标。现有研究普遍认为我国的土地城镇化与人口城镇化发展不协调，土地城镇化的增长速度快于人口城镇化（李子联，2013[113]；刘欢 等，2016[114]；范进 等，2012[115]）。在土地城镇化的衡量指标方面，学术界的衡量方法可以分为两类：一是从土地利用规模、利用程度、资本投入、利用景观和利用效益等角度出发，构建指标体系，评价土地城镇化的综合得分，用这个综合得分来表征土地城镇化水平（吕萍 等，2007）[111]；二是将土地城镇化作为土地规模特征的反映，用城区的建设用地面积与区域总面积的比重来衡量土地城镇化水平（王镝 等，2019）[116]。此部分主要是想通过土地城镇化来反映西北地区土地利用的规模特征，故选用第二种评价方法，具体的土地城镇化指标用西北地区市辖区的建设用地面积与城区面积的比重来表示。

### 4.1.2.1  西北地区整体土地城镇化水平分析

西北地区地广人稀，雪山、沙漠、戈壁广袤，可利用土地少，土地城镇化水平低于全国平均水平。如表4-2所示，2018年末，西北6个省（区）的土地城镇化平均水平为1.12%，低于全国平均水平（4.10%）。但是西北地区土地城镇化的增速明显快于全国，2004—2018年，西北地区土地城镇化水平整体呈现上升趋势，平均增速为4.19%，全国平均增速仅为2.26%。按省份来看，陕西的土地城镇化水平最高，青海的土地城镇化水平最低，内蒙古的土地城镇化增速最快。

表4-2  2004—2018年西北地区土地城镇化水平　　　　　　　　单位：%

| 年份 | 内蒙古 | 陕西 | 甘肃 | 青海 | 宁夏 | 新疆 | 西北均值 | 全国均值 |
|------|--------|------|------|------|------|------|----------|----------|
| 2004 | 0.28 | 2.09 | 0.49 | 0.09 | 0.93 | 0.24 | 0.69 | 3.06 |
| 2005 | 0.35 | 2.07 | 0.55 | 0.07 | 1.02 | 0.25 | 0.72 | 2.71 |
| 2006 | 0.34 | 2.33 | 0.53 | 0.07 | 1.14 | 0.29 | 0.78 | 3.57 |
| 2007 | 0.35 | 2.38 | 0.63 | 0.07 | 0.87 | 0.29 | 0.77 | 3.76 |
| 2008 | 0.37 | 2.70 | 0.65 | 0.07 | 1.33 | 0.33 | 0.91 | 3.93 |
| 2009 | 0.62 | 2.33 | 0.65 | 0.08 | 1.47 | 0.35 | 0.91 | 4.26 |
| 2010 | 0.76 | 2.46 | 0.68 | 0.08 | 1.26 | 0.36 | 0.93 | 4.40 |
| 2011 | 0.80 | 2.43 | 0.70 | 0.08 | 1.38 | 0.39 | 0.96 | 4.44 |
| 2012 | 0.82 | 2.48 | 0.74 | 0.08 | 1.47 | 0.40 | 1.00 | 4.52 |
| 2013 | 0.81 | 2.83 | 0.75 | 0.10 | 1.59 | 0.45 | 1.09 | 4.61 |
| 2014 | 0.86 | 3.01 | 0.87 | 0.09 | 1.68 | 0.47 | 1.16 | 4.72 |
| 2015 | 0.79 | 3.16 | 0.88 | 0.10 | 1.68 | 0.49 | 1.18 | 4.62 |

| 年份 | 内蒙古 | 陕西 | 甘肃 | 青海 | 宁夏 | 新疆 | 西北均值 | 全国均值 |
|------|--------|------|------|------|------|------|----------|----------|
| 2016 | 0.78 | 2.74 | 0.92 | 0.11 | 1.67 | 0.49 | 1.12 | 4.07 |
| 2017 | 0.82 | 2.51 | 0.98 | 0.11 | 1.70 | 0.52 | 1.11 | 4.10 |
| 2018 | 0.81 | 2.40 | 1.00 | 0.11 | 1.84 | 0.55 | 1.12 | 4.10 |
| 年均增速 | 12.41 | 1.00 | 7.03 | 1.95 | 6.51 | 8.29 | 4.19 | 2.26 |

数据来源于历年《中国城市建设统计年鉴》，由作者整理所得。

### 4.1.2.2　西北地区各城市的土地城镇化水平分析

图4-3（彩图见前插页）反映了本书所研究的西北地区39个城市2006年、2010年、2014年和2018年的土地城镇化水平雷达图，数据来源于历年《中国城市建设统计年鉴》和《中国城市统计年鉴》。为了更直观地看出其空间分布特征，本书将上述4个年份的土地城镇化数值引入ArcGIS10.4软件，根据土地城镇化水平的数值，把土地城镇化分为高（>10%）、中高（5%～10%）、中等（2.5%～5%）、中低（1%～2.5%）、低（<1%）五种类型，得到西北地区39个城市土地城镇化的空间分布图（图4-4）。

从本书所研究的39个城市看，西北地区的土地城镇化呈现以下特点：

一是各个城市的土地城镇化水平整体呈现上升趋势。随着时间的推进，除个别城市外，雷达图逐步向外扩张，说明西北地区各城市的土地城镇化进程加快，个别城市土地城镇化的雷达线呈现收缩趋势，其原因并不是城市土地面积减少，而是由于区划调整等原因，整个城市的面积增加。

二是各城市之间的土地城镇化水平差距较大。呼和浩特、兰州、西安、西宁等省会城市的土地城镇化水平较高，而资源型城市的土地城镇化水平较低。2018年，土地城镇化水平大于10%的城市有7个，分别为兰州（18.74%）、西宁（18.66%）、咸阳（14.21%）、乌兰察布（12.68%）、呼和浩特（11.82%）、西安（10.95%）和汉中（10.19%）；土地城镇化水平小于1%的城市有9个，分别为陇南（0.27）、中卫（0.42）、定西（0.59）、榆林（0.60）、延安（0.63%）、武威（0.67%）、商洛（0.74%）、克拉玛依（0.94%）和天水（0.96%）。

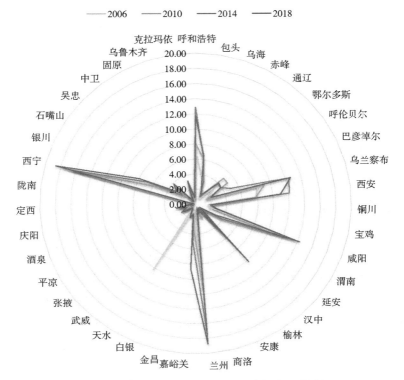

图4-3　西北地区39个城市土地城镇化水平雷达图

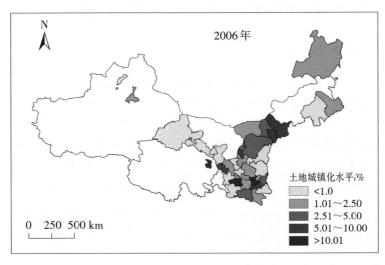

图4-4　西北地区39个城市土地城镇化水平空间分布图

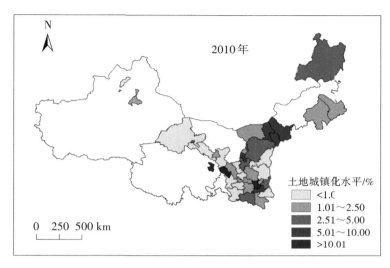

审图号 GS（2020）4619号

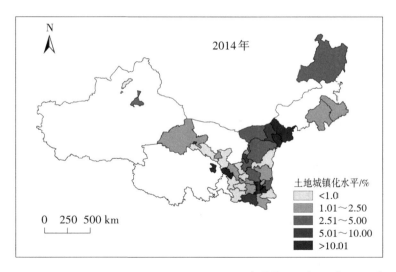

审图号 GS（2020）4619号

续图4-4 西北地区39个城市土地城镇化水平空间分布图

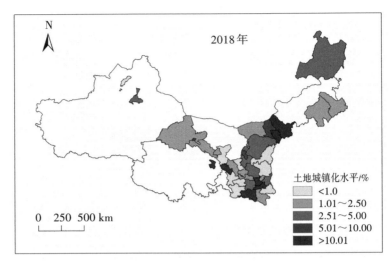

审图号 GS（2020）4619号

**续图4-4　西北地区39个城市土地城镇化水平空间分布图**

三是在研究时间范围内，土地城镇化的总体格局变化不大。在图4-4中，4个年份的土地城镇化水平分布图相对稳定，39个城市的颜色深浅程度变化不大，说明在研究时间范围内，西北地区各城市的土地城镇化水平的分布格局总体变化不大，高者恒高，低者恒低。

## 4.2　中国西北地区城市土地利用结构分析

城市建设用地结构调整的实质是城市建设用地类型与职能协调的过程，是城市内外部人口、资本及其他要素流动的结果（李江 等，2002）[109]。对城市土地利用规模的分析可以反映出城市在空间上的扩张程度，而对城市土地利用结构的分析可以反映出城市的职能定位方向，揭示出各种用地类型之间的配比是否协调。城市用地结构不同，对城市土地的集约利用程度也不同，不同类型的城市土地在生产过程中发挥着不同的作用（聂雷 等，2019）[117]，本部分将对中国西北地区城市土地的利用结构进行分析。

### 4.2.1　城市土地利用结构的分类标准

1990年7月2日，中华人民共和国建设部制定了《城市用地分类与规划建设用地标准》（GBJ137-90），是我国首个正式规范城市建设用地的标准。该标准实施了21年（实施至2011年），在统一全国的城市用地分类和计算口径、规范城市用地发展、引导不同城市的建设布局方面发挥了积极作用。随着我国经济发展和城镇化水平的不断提高，土地用途的不确定性和复杂性凸显，特别是2008年《中华人民共和国城乡规划法》实施后，1990年颁布的分类标准已经不能满足我国城乡发展的需要。住房和城乡建设部于2010年12月24日对原标准进行了修订，颁布了新标准《城市用地分类与规划建设用地标准》（GB50137-2011），2012年1月1日新标准GB50137-2011实施，旧标准GBJ137-90废止。2011年颁布的新标准将城市用地分为8个大类、35个中类和44个小类。2011年标准与1990年标准相比，更强调对基础民生需求的保障，如将1990年标准的"公共设施用地"分为"公共管理与公共服务设施用地"和"商业服务设施用地"，将"对外交通用地"划入城乡用地分类。本书详细比较了两个版本的用地分类标准，并揭示出两个标准的详细差别，如表4-3所示。

表4-3　1990年与2011年《城市用地分类与规划标准》比较

| 1990年标准 | | | 2011年标准 | | | 两个标准对比 |
|---|---|---|---|---|---|---|
| 代码 | 类别名称 | 具体范围 | 代码 | 类别名称 | 具体范围 | |
| R | 居住用地 | 包括居住小区、居住街坊、居住组团和单位生活区等各种成片或零星的用地,根据小区类型划分为四种居住用地 | R | 居住用地 | 住宅和相应的配套设施,包括别墅区、独立式花园住宅、四合院、保障性住宅等 | 两个标准的差别很小,1990年标准中居住用地包括中小学用地,而2011年标准中将中小学用地归入公共管理与公共服务用地 |
| C | 公共设施用地 | 包括行政办公、商业金融业、文化娱乐、医疗卫生、教育科研和文物古迹等用地 | A | 公共管理与公共服务设施用地 | 包括行政办公、教育科研、体育、医疗卫生、社会服务和文物古迹用地 | 2011年标准将1990年标准的公共设施用地分为两部分:公共管理与公共服务设施用地、商业服务设施用地(包括商业、商务、娱乐健康、公共设施) |
| | | | B | 商业服务设施用地 | 营业网点和其他服务设施用地 | |

续表4-3

| 1990年标准 | | | 2011年标准 | | | 两个标准对比 |
|---|---|---|---|---|---|---|
| 代码 | 类别名称 | 具体范围 | 代码 | 类别名称 | 具体范围 | |
| M | 工业用地 | 根据对居住和公共设施等环境的污染和干扰分为一类、二类和三类工业用地 | M | 工业用地 | 根据对居住和公共环境的干扰、污染和安全隐患分为一类、二类和三类工业用地 | 基本一致 |
| W | 仓储用地 | 包括仓储企业的库房、堆场和包装加工车间及附属设施用地,分为普通仓库用地、危险品仓库用地和堆场用地 | W | 物流仓储用地 | 根据对居住和公共环境的干扰、污染和安全隐患分为了三类物流仓储用地 | 基本一致 |
| T | 对外交通用地 | 包括铁路、公路、管道运输、港口和机场用地 | | | | 2011年标准中,将对外交通用地划入了城乡用地的分类 |
| S | 道路广场用地 | 包括道路用地、广场用地和社会停车场用地 | S | 道路与交通设施用地 | 包括城市道路、轨道交通、交通枢纽、交通场站和其他交通设施用地 | 1990年标准中不包括交通设施用地 |
| U | 市政公共设施用地 | 包括供应设施、交通设施、邮电设施、环境卫生设施、施工与维修设施、殡葬设施和其他市政设施用地,如消防和防洪等 | U | 公共设施用地 | 包括供水、供电、供燃气、供热、广播通信等供应设施用地以及排水、环卫、消防、防洪等环境和安全设施用地 | 2011年标准中不包括交通设施用地 |
| G | 绿地 | 包括公共绿地和生产防护绿地 | G | 绿地与广场用地 | 包括公园绿地、防护绿地和广场用地 | 2011年标准中多了广场用地 |

| 1990年标准 | | | 2011年标准 | | | 两个标准对比 |
|---|---|---|---|---|---|---|
| 代码 | 类别名称 | 具体范围 | 代码 | 类别名称 | 具体范围 | |
| D | 特殊用地 | 包括军事用地、外事用地和保安用地 | | | | 1990年标准有此分类,而2011年标准中该类型用地取消 |

可以看出,两个标准中,工业用地、仓储用地的统计口径一致。居住用地的差别很小,1990年标准中居住用地包括中小学用地,2011年标准中将中小学用地放入公共管理与公共服务设施用地,其他保持不变。2011年标准将1990年标准的公共设施用地拆分成两种新类型:公共管理与公共服务设施用地、商业服务设施用地。其他的用地类型如对外交通用地、特殊用地、绿地等用地类型或者被取消合并,或者统计口径发生了较大的变化。

此外,在2011年标准中,对居住用地、公共管理与公共服务用地、工业用地、道路与交通设施用地和绿地与广场用地占城市建设用地的比例提出了适宜的参考范围。具体如表4-4所示。

表4-4  2011年国家规定的城市建设用地结构参考标准

| 用地分类 | 占城市建设用地的比例/% |
|---|---|
| 居住用地 | 25~40 |
| 公共管理与公共服务设施用地 | 5~8 |
| 工业用地 | 15~30 |
| 道路与交通设施用地 | 10~25 |
| 绿地与广场用地 | 10~15 |

## 4.2.2　中国西北地区城市土地利用结构分析

本书的研究时间范围为2004—2018年,而建设用地分类的1990年标准与2011年标准在城市用地分类标准和统计口径上不一致,接下来,本书将分别从2004—2011年和2012—2018年这两个时间段来分析西北地区城市土地利用结构,其中2004—2011年采用1990年标准,2012—2018年采用2011年标准。此部分城市土地利用结构分析的数据来源于历年《中国城市建设统计年鉴》。

### 4.2.2.1 西北地区城市土地利用结构整体情况分析

图4-5反映了2004—2011年西北地区整体的城市建设用地结构及变动趋势。2004—2011年，西北地区的城市建设用地结构中，居住用地占比最高，各年变动不大，占比在31%～33%之间波动；工业用地占比仅次于居住用地，该类型用地占比在2004—2011年呈缓慢下降趋势；公共设施用地占比位居第三位，该类型用地占比在2005—2006年小幅上涨，2007—2008年又回落到原来的水平，并基本维持不变。由图可以看出，居住用地、工业用地和公共设施用地这三种类型的用地面积占到全部建设用地面积的60%以上。绿地和道路广场用地的占比接近，而且变动趋势一致，2004—2011年均呈现逐步上升趋势。其他四种类型用地（对外交通用地、仓储用地、市政公共设施用地和特殊用地）在整个建设用地结构中占比很小，各年份均在5%以下，而且基本趋于稳定，趋势线变化不大。

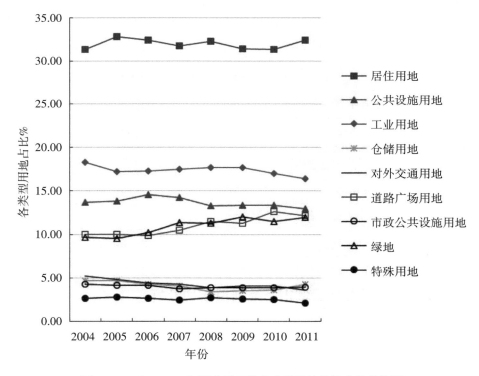

**图4-5　2004—2011年西北地区城市建设用地结构变化趋势图**

2012—2018年，西北地区城市土地的用地结构与2004—2011年相比有较大的不同（图4-6）。首先，居住用地占比大幅下降。自2013年以来，西北地区的居住用地在整个建设用地中的比重呈逐年下降趋势，2018年居住用地占比仅为28.25%，比2013年之前的平均水平下降了4个百分点。原因可能是2014年国家发布《国家新型城镇化规划（2014—2020年）》，要求节约集约利用土地，西北地区顺应国家政策，鼓励老旧小区改造、棚户区改造，对建设用地进行存量挖掘，居住用地占比下降。其次，工业用地占比也有所下降。西北地区的工业用地占建设用地的比例从图4-5中的第二位下降到图4-6中的第四位。虽然工业用地的统计口径在2011年前后没有发生变化，但工业用地在建设用地中的比例在2004—2011年呈逐步下降的趋势，各年份均在15%以上。然而，在2012—2018年期间，各年份的工业用地占比均在15%以下，最高值为2012年的14.32%。此外绿地和广场用地占比升高，2014年之后，绿地和广场用地占比均超过了2011年国家参考标准的上限15%。

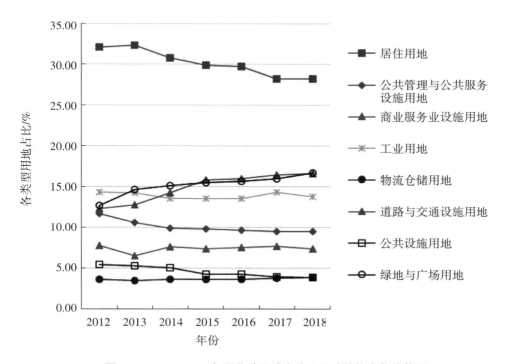

**图4-6　2012—2018年西北地区城市建设用地结构变化趋势图**

　　图4-7与图4-8分别展示了2004年（研究初始年）与2018年（研究终止年）西北地区与全国的城市建设用地结构对比图。其中2004年采用1990年标准，2018年采用2011年标准。2004年，西北地区的城市建设用地结构与全国相比，相差并不大，其中工业用地比全国平均水平低3.47个百分点，公共设施用地比全国平均水平高1.45个百分点，除此之外，其他类型的用地与全国平均水平的差距均在1%以内。而2018年，西北地区城市建设用地结构与全国平均水平的差距扩大，具体表现在：第一，西北地区居住用地占比减少，比全国平均水平低2.34%；第二，西北地区工业用地占比下降，与全国平均水平的差距扩大至5.9%；第三，西北地区绿地与广场用地占比提升，2018年西北地区该类用地占比为16.68%，比全国平均水平高出4.92个百分点。

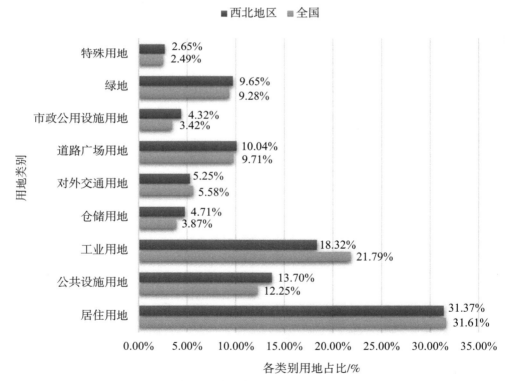

图4-7　2004年西北地区与全国城市建设用地结构对比图

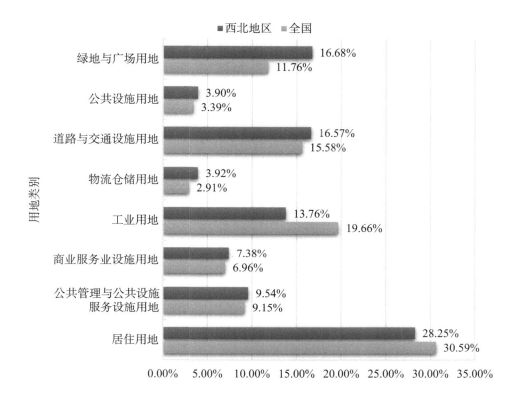

图4-8 2018年西北地区与全国城市建设用地结构对比图

### 4.2.2.2 西北地区各省（区）的城市土地利用结构特征

图4-9与图4-10分别展示了西北地区6个省（区）2004年与2018年的城市建设用地结构对比图。如图所示，由于资源禀赋、经济发展水平等差异，西北地区内部各省（区）的建设用地结构有较大差异。具体而言，2004年，青海省的居住地和市政设施用地的占比最高，而道路广场用地、绿地、公共设施用地和工业用地占比最低；甘肃省的工业用地占比最高，而居住用地占比最低；陕西省的公共设施用地占比最高，其他类型用地分布较为均衡；内蒙古、宁夏和新疆的用地结构分布相对比较均衡。

2018年，西北地区各省份居住用地占比总体下降，而且各省份间的差别变小；青海的居住用地占比最高，甘肃和陕西最低；宁夏的公共管理与公共服务设施用地占比最高，而商业服务设施用地占比最低，宁夏的服务设施以公共服务设施为主，商业服务设施较少；作为传统的工业省份，甘肃的工业用地占比在西北

6个省（区）中居第一位，而青海的工业用地占比最低；各省的道路交通设施用地和公共服务设施用地占比相差不大；陕西的绿地和广场用地占比最高，新疆的该类型用地占比最低。

### 4.2.2.3 西北地区各城市的城市土地利用结构特征

下面将从城市层面介绍西北地区城市土地利用结构特征。表4-5列示了2018年本书所研究的西北地区39个城市的建设用地结构。

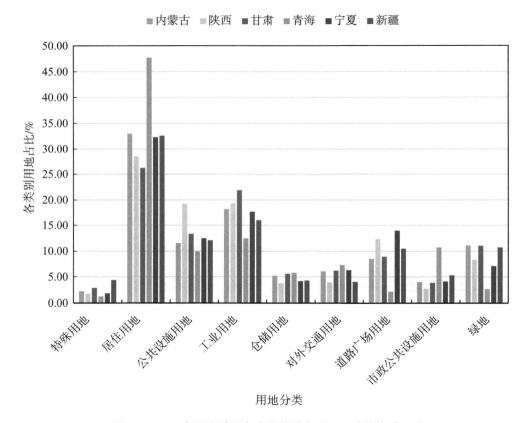

图4-9 2004年西北地区各省份的城市建设用地结构对比图

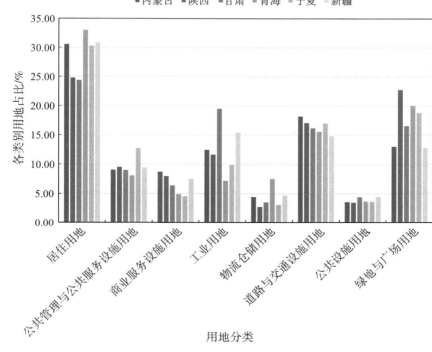

图4-10　2018年西北地区各省份的城市建设用地结构对比图

表4-5　2018年西北地区39个城市的城市土地利用结构表　　　　　　单位：%

| 城市名称 | 居住用地 | 公共管理与公共服务设施用地 | 商业服务设施用地 | 工业用地 | 物流仓储用地 | 道路与交通设施用地 | 公共设施用地 | 绿地与广场用地 |
|---|---|---|---|---|---|---|---|---|
| 呼和浩特 | 32.22 | 11.82 | 10.81 | 7.97 | 3.50 | 17.76 | 2.24 | 13.68 |
| 包头 | 29.93 | 8.08 | 5.02 | 26.81 | 3.83 | 12.46 | 1.78 | 12.08 |
| 乌海 | 47.69 | 10.18 | 5.59 | 4.12 | 2.50 | 16.50 | 1.15 | 12.26 |
| 赤峰 | 31.34 | 3.98 | 4.88 | 13.26 | 6.96 | 21.26 | 7.61 | 10.71 |
| 通辽 | 23.02 | 11.74 | 5.82 | 13.06 | 8.46 | 19.65 | 5.36 | 12.88 |
| 鄂尔多斯 | 22.61 | 7.89 | 13.11 | 3.03 | 0.04 | 29.11 | 0.81 | 23.41 |
| 呼伦贝尔 | 36.48 | 6.31 | 5.36 | 17.84 | 1.90 | 15.99 | 3.77 | 12.34 |

续表4-5

| 城市名称 | 居住用地 | 公共管理与公共服务设施用地 | 商业服务设施用地 | 工业用地 | 物流仓储用地 | 道路与交通设施用地 | 公共设施用地 | 绿地与广场用地 |
|---|---|---|---|---|---|---|---|---|
| 巴彦淖尔 | 30.48 | 8.58 | 6.70 | 11.09 | 8.28 | 21.47 | 4.63 | 8.78 |
| 乌兰察布 | 30.72 | 11.47 | 17.41 | 11.79 | 0.00 | 10.93 | 5.97 | 11.72 |
| 西安 | 23.41 | 11.42 | 8.43 | 12.12 | 3.29 | 17.33 | 3.88 | 20.12 |
| 铜川 | 35.60 | 9.15 | 6.22 | 19.34 | 0.74 | 17.73 | 1.41 | 9.81 |
| 宝鸡 | 11.91 | 9.07 | 12.03 | 17.84 | 3.25 | 15.33 | 4.73 | 25.85 |
| 咸阳 | 28.60 | 7.86 | 4.34 | 20.52 | 0.94 | 20.93 | 0.29 | 16.51 |
| 渭南 | 36.57 | 8.76 | 5.09 | 8.31 | 2.41 | 13.60 | 2.35 | 22.91 |
| 延安 | 33.70 | 5.69 | 5.78 | 5.20 | 0.59 | 14.67 | 2.20 | 32.19 |
| 汉中 | 22.38 | 7.35 | 12.01 | 11.34 | 2.79 | 15.71 | 5.16 | 23.27 |
| 榆林 | 25.24 | 3.67 | 6.90 | 5.34 | 1.36 | 25.03 | 1.96 | 30.49 |
| 安康 | 29.33 | 3.67 | 2.60 | 1.76 | 0.33 | 12.78 | 5.78 | 43.76 |
| 商洛 | 15.74 | 11.68 | 13.20 | 3.05 | 10.15 | 14.21 | 3.05 | 28.93 |
| 兰州 | 22.80 | 10.76 | 6.65 | 15.77 | 2.62 | 21.38 | 3.41 | 16.60 |
| 嘉峪关 | 11.76 | 4.16 | 6.26 | 50.43 | 3.64 | 14.69 | 0.58 | 8.47 |
| 金昌 | 18.23 | 6.66 | 3.70 | 39.82 | 3.32 | 12.25 | 3.32 | 12.70 |
| 白银 | 26.62 | 8.46 | 4.67 | 32.90 | 2.05 | 9.58 | 6.24 | 9.49 |
| 天水 | 20.00 | 5.79 | 7.14 | 18.45 | 10.34 | 10.84 | 7.45 | 20.00 |
| 武威 | 41.66 | 6.55 | 9.03 | 1.65 | 1.06 | 16.14 | 1.48 | 22.43 |
| 张掖 | 41.51 | 7.18 | 7.16 | 4.53 | 5.79 | 8.42 | 9.57 | 15.83 |
| 平凉 | 34.49 | 8.84 | 5.74 | 7.36 | 4.59 | 17.43 | 2.58 | 18.97 |
| 酒泉 | 23.75 | 10.13 | 11.39 | 7.43 | 2.59 | 11.26 | 2.79 | 30.66 |
| 庆阳 | 19.91 | 18.67 | 0.16 | 4.61 | 2.40 | 14.06 | 9.01 | 31.17 |
| 定西 | 23.07 | 8.05 | 0.20 | 11.67 | 6.12 | 11.80 | 22.34 | 16.75 |

| 城市名称 | 居住用地 | 公共管理与公共服务设施用地 | 商业服务设施用地 | 工业用地 | 物流仓储用地 | 道路与交通设施用地 | 公共设施用地 | 绿地与广场用地 |
|---|---|---|---|---|---|---|---|---|
| 陇南 | 51.96 | 6.73 | 3.13 | 1.25 | 0.16 | 15.65 | 5.48 | 15.65 |
| 西宁 | 30.22 | 6.24 | 2.70 | 4.50 | 9.22 | 17.41 | 4.18 | 25.53 |
| 银川 | 30.68 | 17.70 | 2.02 | 9.56 | 4.08 | 16.28 | 5.16 | 14.52 |
| 石嘴山 | 30.60 | 3.85 | 5.29 | 13.51 | 0.28 | 16.94 | 1.40 | 28.14 |
| 吴忠 | 32.83 | 12.50 | 6.44 | 13.55 | 0.78 | 15.67 | 3.65 | 14.58 |
| 中卫 | 30.90 | 8.87 | 7.77 | 2.61 | 2.06 | 21.83 | 2.17 | 23.79 |
| 固原 | 26.13 | 9.12 | 5.51 | 3.87 | 6.15 | 22.29 | 1.33 | 25.60 |
| 乌鲁木齐 | 28.17 | 7.68 | 4.81 | 23.55 | 7.25 | 16.80 | 2.38 | 9.37 |
| 克拉玛依 | 33.58 | 14.78 | 8.93 | 5.87 | 0.92 | 16.95 | 4.45 | 14.51 |

数据来源于历年《中国城市建设统计年鉴》。

如表所示：

（1）居住用地：西北地区各城市的居住用地占比偏低，而且各城市间差距较大。本书所研究的39个城市中，有13个城市低于2011年建设用地标准中的参考下限（25%），其中庆阳、金昌、商洛、嘉峪关和宝鸡这5个城市的居住用地占比更是在20%以下。有4个城市的居住用地占比超过了2011年标准的上限（40%），分别为陇南（51.96%）、乌海（47.69%）、武威（41.66%）和张掖（41.51%）。

（2）公共管理与公共服务设施用地：西北地区各城市的公共管理与公共服务设施用地占比偏高，有22个城市高于国家参考标准的上限8%，该类型用地低于国家参考标准下限5%的城市有5个，分别为榆林（3.67%）、安康（3.67%）、石嘴山（3.85%）、赤峰（3.98%）和嘉峪关（4.16%）。

（3）商业服务设施用地：商业服务设施用地占比最高的5个城市分别为乌兰察布（17.41%）、商洛（13.2%）、鄂尔多斯（13.11%）、宝鸡（12.03%）和汉中（12.01%），占比最低的5个城市分别为庆阳（0.16%）、定西（0.2%）、银川（2.02%）、安康（2.6%）和西宁（2.7%）。

（4）工业用地：占比最高的3个城市分别为嘉峪关（50.43%）、金昌

（39.82%）、白银（32.9%），这3个城市都在甘肃省境内，而且工业用地占比均超过了国家参考标准的上限（30%）；工业用地占比低于3%的城市有4个，分别为陇南（1.25%）、武威（1.65%）、安康（1.76%）和中卫（2.61%）。

（5）物流仓储用地：在整个建设用地结构中占比较小，有29个城市的物流仓储用地占比在5%以下，安康、石嘴山、陇南、鄂尔多斯和乌兰察布这5个城市的物流仓储用地占比低于0.5%；天水、商洛和西宁的物流仓储用地占比较高，分别为10.34%、10.15%和9.22%。

（6）道路与交通设施用地：该类型用地大于国家参考标准上限（25%）的城市有2个，分别为鄂尔多斯（29.11%）和榆林（25.03%）；低于国家参考标准下限（10%）的城市也有2个，分别为白银（9.58%）和张掖（8.42%）。

（7）公共设施用地：定西市的公共设施用地占比最高，为22.34%，其余38个城市的公共设施用地占比均在10%以下，该类型用地占比最低的5个城市分别为咸阳（0.29%）、嘉峪关（0.58%）、鄂尔多斯（0.81%）、乌海（1.15%）和固原（1.33%）。

（8）绿地与广场用地：高于国家参考标准上限（15%）的城市有21个，占全部研究城市的54%，其中有5个城市的绿地与广场用地占比高于30%，分别为安康（43.76%）、延安（32.19%）、庆阳（31.17%）、酒泉（30.66%）和榆林（30.49%）；低于国家参考标准下限（10%）的城市有5个，分别为嘉峪关（8.47%）、巴彦淖尔（8.78%）、乌鲁木齐（9.37%）、白银（9.49%）和铜川（9.81%）。

按照省会中心城市、资源型城市和其他类城市的划分来看，省会中心城市的公共管理与公共服务设施用地和道路与交通设施用地占比较高，而绿地与广场用地占比较低。省会中心城市作为全省的政治、经济和文化中心，公共管理与公共服务功能更加完善，道路通达，该类型城市的公共管理与公共服务设施用地和道路与交通设施用地占比较高。绿地与广场用地占比低的原因可能是与另外两种类型的城市相比，省会中心城市的土地价格更高，而绿地与广场用地不产生经济效益，故而占比较低。

资源型城市的居住用地、工业用地占比较高，而物流仓储用地、公共管理与公共服务设施用地、商业管理与服务设施用地、公共设施用地的占比较低。资源型城市由自然资源的开采而兴起和发展，大量人口迅速聚集，人口构成以采掘工人及其家属、当地居民为主[118]，资源型城市的经济发展以第二产业为主，各种配套基础设施建设滞后，资源型城市的工业用地和居住用地占比较高，而服务和设施用地占比较低。

其他类城市居住用地占比最低，绿地与广场用地占比最高，原因可能是其他类城市的经济社会发展水平相对较低，城市人口较少，居住用地占比低。同时，该类型城市用地更为不集约，政府有更多的土地用于绿化与广场建设。

2018年西北地区按照城市类型划分的城市建设用地结构如图4-11所示。

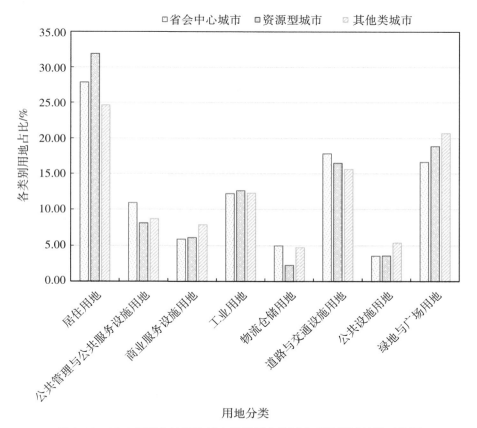

图4-11　2018年西北地区按城市类型划分的城市建设用地结构对比图

图4-12展示了2004—2011年西北地区按城市类型划分的各种建设用地变化趋势，用地类型的划分依据1990年的标准，由于特殊用地在整个城市建设用地中占比很小，本书不再单独列出。图4-13展示了2012—2018年西北地区按城市类型划分的各种建设用地的变化趋势，用地类型的划分依据2011年的标准。

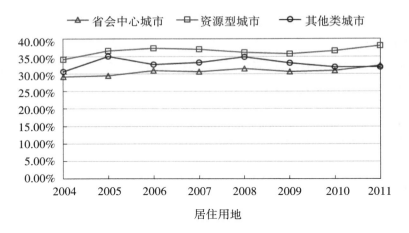

居住用地

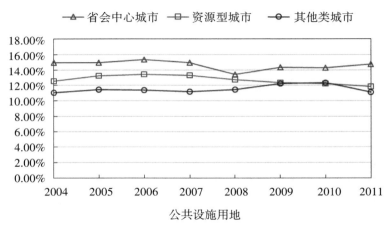

公共设施用地

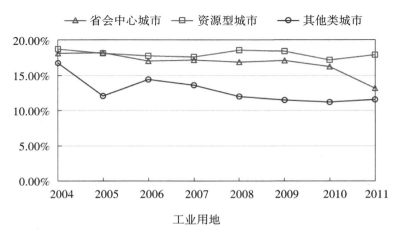

工业用地

**图4-12 2004—2011年西北地区按城市类型划分的城市用地结构变化趋势图**

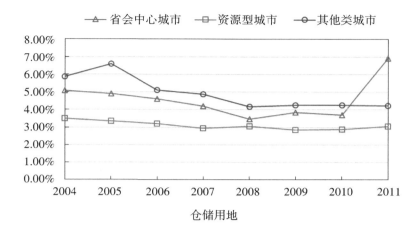

仓储用地

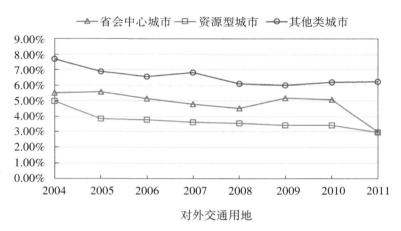

对外交通用地

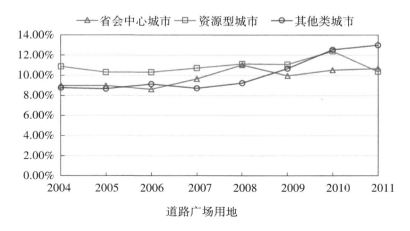

道路广场用地

续图4-12　2004—2011年西北地区按城市类型划分的城市用地结构变化趋势图

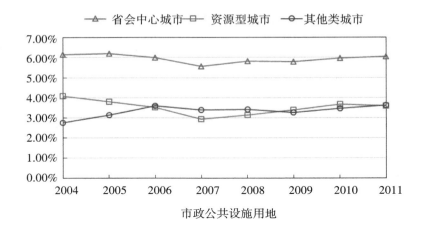

市政公共设施用地

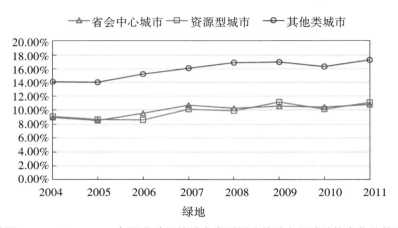

绿地

续图4-12　2004—2011年西北地区按城市类型划分的城市用地结构变化趋势图

居住用地

图4-13　2012—2018年西北地区按城市类型划分的城市用地结构变化趋势图

公共管理与公共服务设施用地

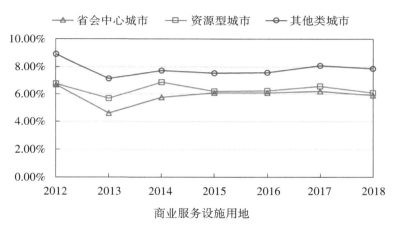

商业服务设施用地

工业用地

续图4-13 2012—2018年西北地区按城市类型划分的城市用地结构变化趋势图

物流仓储用地

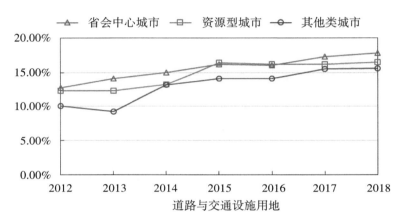

道路与交通设施用地

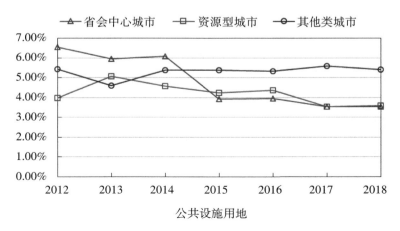

公共设施用地

**续图4-13　2012—2018年西北地区按城市类型划分的城市用地结构变化趋势图**

续图 4-13　2012—2018 年西北地区按城市类型划分的城市用地结构变化趋势图

## 4.3 中国西北地区城市土地的产出效益及环境污染

在城市土地上进行社会经济活动，可以带来一系列的经济社会效益，也会产生环境污染，实现土地集约利用的目标是追求城市土地的经济、社会等产出效益的最大化，同时实现污染物排放的最小化。本部分从西北地区城市土地利用的经济效益、社会效益和环境污染三个方面进行分析。

### 4.3.1 经济效益分析

第二、三产业增加值是用来衡量城市土地经济效益的常用指标，为了便于西北地区与全国城市土地经济效益的比较，本书用单位建设用地面积第二、三产业增加值来表征城市用地的经济效益。2004—2018 年，西北地区与全国的城市土地经济效益对比情况如图 4-14 所示，数据来源于历年《中国统计年鉴》。

2004—2018 年西北地区与全国的城市单位建设面积二、三产业增加值均呈逐步上升趋势，但是西北地区的城市单位建设用地面积的经济效益在 2012 年之后上升速度明显减缓。西北地区城市土地的经济效益低于全国平均水平，且与全国平均水平的差距不断拉大。西北地区在城市土地面积扩张的同时，城市土地的经济产出却未同步提升，导致单位建设用地面积的经济效益上升缓慢。2018 年，西北地区的地均二、三产业增加值为 11.54 亿元/平方公里，仅为全国平均水平（15.16 亿元/平方公里）的 76%。这说明西北地区的城市土地利用更不集约，更需深入研究西北地区的城市土地利用问题。

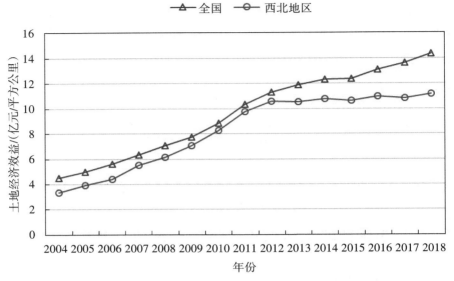

图4-14 2004—2018年西北地区与全国城市土地经济效益对比图

从西北地区各省份来看，2004—2008年，西北各省的单位建设用地面积经济效益均保持在较低的水平，各省份之间差距较小，而在2009年之后，各省份之间的差距不断拉大，陕西省、青海省、内蒙古自治区的单位建设用地面积经济效益快速提升，而相比之下，甘肃省、宁夏回族自治区和新疆维吾尔自治区的单位建设用地面积经济效益提升速度较慢。详细情况如图4-15所示，数据来源于历年《中国统计年鉴》。

从所研究的39个城市来看，2004—2018年，西北地区39个城市的单位建设用地面积二、三产业增加值呈现不断上升的趋势，年均增速为7.57%。省会中心城市的城市土地经济效益最高，资源型城市次之，其他类城市最低。2018年，单位建设用地面积经济产出最高的三个城市分别为包头（9.09亿元/平方公里）、乌海（8.33亿元/平方公里）和克拉玛依（8.03亿元/平方公里），这三个城市均为资源型城市，产业较为发达，城市用地的经济产出高；单位建设用地面积经济产出最低的三个城市分别为嘉峪关（0.87亿元/平方公里）、定西（1.75亿元/平方公里）和平凉（1.96亿元/平方公里）。从增速来看，在研究期内，资源型城市单位建设用地面积经济产出的年均增速最快（8.43%），省会中心城市次之（7.58%），其他类城市的增速最慢（5.83%）。在研究期内，单位建设用地面积经济产出年均增速最快的3个城市分别为榆林（69.90%）、安康（34.68%）和延安（29.38%），最慢的3个城市分别为吴忠（-4.04%）、嘉峪关（-2.34%）和鄂尔多斯（0.36%），其中吴忠和嘉峪关更是出现了负增长。

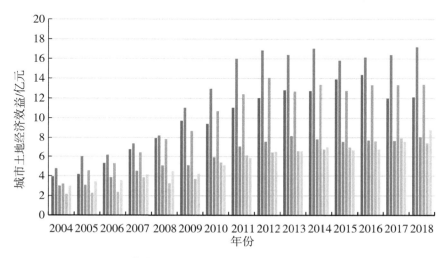

图4-15　2004—2018年西北地区分省份的城市土地经济效益对比图

2004—2018年中国西北地区39个城市的城市土地经济效益的详细情况如表4-6所示。

表4-6　2004—2018年西北地区39个城市的城市土地经济效益表

| 城市名称 | 单位建设用地面积经济产出/(亿元/平方公里) | | | | | | | | 年均增速/% |
|---|---|---|---|---|---|---|---|---|---|
| | 2004年 | 2006年 | 2008年 | 2010年 | 2012年 | 2014年 | 2016年 | 2018年 | |
| 呼和浩特 | 2.74 | 4.00 | 5.06 | 5.98 | 6.33 | 5.96 | 7.20 | 6.44 | 9.00 |
| 包头 | 4.23 | 6.43 | 8.78 | 9.45 | 11.52 | 11.94 | 12.65 | 9.09 | 7.67 |
| 乌海 | 1.61 | 2.55 | 3.64 | 5.78 | 7.61 | 7.77 | 9.77 | 8.33 | 27.85 |
| 赤峰 | 3.45 | 2.74 | 3.35 | 4.03 | 6.14 | 6.29 | 10.36 | 4.07 | 1.21 |
| 通辽 | 2.60 | 3.37 | 3.98 | 4.43 | 6.30 | 8.14 | 7.87 | 3.14 | 1.38 |
| 鄂尔多斯 | 4.41 | 2.29 | 4.89 | 3.78 | 4.25 | 6.08 | 6.31 | 4.65 | 0.36 |

**续表** 4-6

| 城市名称 | 单位建设用地面积经济产出/(亿元/平方公里) | | | | | | | | 年均增速 /% |
|---|---|---|---|---|---|---|---|---|---|
| | 2004年 | 2006年 | 2008年 | 2010年 | 2012年 | 2014年 | 2016年 | 2018年 | |
| 呼伦贝尔 | 1.16 | 1.91 | 3.02 | 1.76 | 1.73 | 4.01 | 4.34 | 3.83 | 15.42 |
| 巴彦淖尔 | 2.26 | 1.96 | 2.86 | 3.38 | 4.43 | 1.48 | 3.00 | 3.04 | 2.29 |
| 乌兰察布 | 1.15 | 1.24 | 1.85 | 2.24 | 2.85 | 2.24 | 2.52 | 2.14 | 5.77 |
| 西安 | 4.16 | 4.49 | 4.33 | 7.90 | 8.42 | 7.31 | 7.31 | 7.98 | 6.13 |
| 铜川 | 1.45 | 1.88 | 2.16 | 2.86 | 3.66 | 4.57 | 4.12 | 3.83 | 11.00 |
| 宝鸡 | 3.78 | 4.15 | 5.23 | 5.17 | 5.83 | 7.36 | 7.59 | 7.99 | 7.44 |
| 咸阳 | 2.91 | 2.75 | 4.34 | 4.82 | 6.12 | 7.11 | 6.43 | 7.03 | 9.42 |
| 渭南 | 1.16 | 1.16 | 1.86 | 1.90 | 4.12 | 3.89 | 3.27 | 3.82 | 15.37 |
| 延安 | 1.24 | 5.64 | 4.24 | 4.69 | 6.02 | 4.57 | 4.12 | 6.69 | 29.38 |
| 汉中 | 1.58 | 2.30 | 2.78 | 3.92 | 3.44 | 4.07 | 3.92 | 5.97 | 18.61 |
| 榆林 | 0.65 | 1.61 | 2.44 | 4.80 | 7.14 | 5.75 | 5.29 | 7.45 | 69.90 |
| 安康 | 0.75 | 1.77 | 2.05 | 2.70 | 2.85 | 3.43 | 3.54 | 4.64 | 34.68 |
| 商洛 | 1.17 | 1.86 | 2.41 | 3.87 | 5.08 | 4.62 | 4.48 | 5.09 | 22.39 |
| 兰州 | 3.06 | 3.64 | 3.96 | 3.80 | 4.97 | 4.10 | 4.08 | 4.27 | 2.63 |
| 嘉峪关 | 1.34 | 2.85 | 2.86 | 3.17 | 3.18 | 2.48 | 1.40 | 0.87 | −2.34 |
| 金昌 | 1.90 | 4.84 | 3.64 | 3.67 | 3.56 | 3.28 | 2.14 | 2.61 | 2.46 |
| 白银 | 1.62 | 2.21 | 2.76 | 3.00 | 3.63 | 3.09 | 2.73 | 2.82 | 4.97 |
| 天水 | 1.68 | 2.08 | 2.47 | 3.14 | 3.67 | 4.38 | 4.28 | 4.16 | 9.83 |
| 武威 | 2.36 | 3.66 | 4.17 | 3.77 | 4.07 | 4.66 | 4.80 | 4.13 | 4.99 |
| 张掖 | 1.37 | 1.61 | 1.87 | 1.66 | 2.04 | 2.29 | 2.23 | 2.08 | 3.45 |
| 平凉 | 1.63 | 1.23 | 1.37 | 1.54 | 1.99 | 2.02 | 1.98 | 1.96 | 1.36 |
| 酒泉 | 0.89 | 1.15 | 1.43 | 3.05 | 3.07 | 2.94 | 2.22 | 2.13 | 9.25 |
| 庆阳 | 1.37 | 2.46 | 2.71 | 3.00 | 4.93 | 4.40 | 4.52 | 5.55 | 20.41 |

| 城市名称 | 单位建设用地面积经济产出/(亿元/平方公里) | | | | | | | | 年均增速 /% |
|---|---|---|---|---|---|---|---|---|---|
| | 2004年 | 2006年 | 2008年 | 2010年 | 2012年 | 2014年 | 2016年 | 2018年 | |
| 定西 | 0.58 | 0.79 | 0.86 | 1.09 | 1.93 | 1.16 | 1.81 | 1.75 | 13.35 |
| 陇南 | 2.12 | 1.33 | 1.73 | 3.49 | 4.55 | 5.38 | 6.01 | 4.95 | 8.87 |
| 西宁 | 1.78 | 2.85 | 3.68 | 5.04 | 5.53 | 6.07 | 6.88 | 6.30 | 16.97 |
| 银川 | 1.40 | 2.17 | 2.62 | 3.33 | 3.83 | 3.62 | 3.83 | 4.42 | 14.39 |
| 石嘴山 | 1.22 | 1.40 | 1.69 | 4.56 | 4.28 | 4.51 | 4.56 | 3.83 | 14.17 |
| 吴忠 | 5.26 | 1.08 | 1.61 | 1.72 | 1.69 | 1.77 | 1.89 | 2.07 | -4.04 |
| 中卫 | 1.93 | 1.69 | 1.62 | 1.67 | 2.12 | 2.20 | 3.29 | 3.69 | 6.09 |
| 固原 | 0.54 | 0.72 | 0.77 | 0.95 | 1.26 | 1.35 | 1.82 | 2.03 | 18.22 |
| 乌鲁木齐 | 2.73 | 2.66 | 2.82 | 3.12 | 3.98 | 4.12 | 3.77 | 4.45 | 4.19 |
| 克拉玛依 | 5.85 | 9.68 | 10.65 | 11.70 | 10.64 | 8.67 | 5.93 | 8.03 | 2.48 |
| 省会中心城市均值 | 2.64 | 3.30 | 3.74 | 4.86 | 5.51 | 5.20 | 5.51 | 5.64 | 7.58 |
| 资源型城市均值 | 2.27 | 3.08 | 3.73 | 4.27 | 5.19 | 5.38 | 5.46 | 5.14 | 8.43 |
| 其他类城市均值 | 1.67 | 1.76 | 2.12 | 2.72 | 3.22 | 3.10 | 3.23 | 3.13 | 5.83 |
| 西北均值 | 2.13 | 2.67 | 3.19 | 3.84 | 4.58 | 4.59 | 4.73 | 4.55 | 7.57 |

数据来源于历年《中国城市统计年鉴》和《中国城市建设统计年鉴》。

## 4.3.2 社会效益分析

参照岳立等（2020）[119]的研究成果，本书用城镇居民平均工资来表征城市土地的社会效益。从西北地区整体来看，2004—2018年西北地区与全国的城镇居民平均工资均实现了快速增长，城镇居民平均工资的变化趋势呈直线上升状态，人们生活水平大幅提高。从西北地区与全国的比较来看，西北地区的城镇居民平均工资落后于全国平均水平，但是二者相差的幅度并不大，2014年以后二者之间的差距有扩大趋势。2004—2018年西北地区与全国城镇居民平均工资的具体对比情况如图4-16所示，数据来源于历年《中国统计年鉴》。

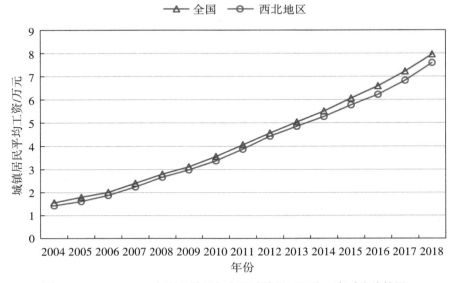

图4-16　2004—2018年西北地区与全国城镇居民平均工资对比趋势图

从西北地区各省份来看，2004—2018年西北地区各省份城镇居民平均工资稳步提升，各省份之间的差距较小，2018年青海省的城镇居民平均工资最高，甘肃省最低。从居民平均工资水平看2004—2018年西北地区各省份的城市土地社会效益对比情况（图4-17）。数据来源于历年《中国统计年鉴》。

从各城市角度来看（表4-7），2004—2018年西北地区39个城市的城镇居民平均工资不断增加，年均增速为28.52%，依然是省会中心城市的城镇居民平均工资最高，资源型城市次之，其他类城市最低。2018年，城镇居民平均工资最高的3个城市分别为克拉玛依（10.81万元）、鄂尔多斯（9.49万元）和银川（9.00万元），最低的3个城市分别为呼伦贝尔（4.65万元）、商洛（5.72万元）和酒泉（5.97万元）。在研究期内，省会中心城市、资源型城市和其他类城市的城镇居民平均工资年均增速相差不大，分别为27.52%、29.02%和28.68%。2004—2018年，城镇居民平均工资的年均增速最快的3个城市分别为武威（45.12%）、庆阳（42.29%）和陇南（37.93%），增速最慢的3个城市分别为呼伦贝尔（14.14%）、金昌（16.62%）和嘉峪关（19.16%）。由居民平均工资水平，可以看出2004—2018年西北地区39个城市的城市土地社会效益的详细情况。

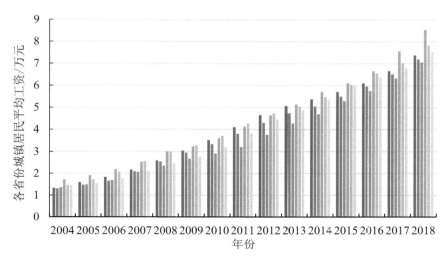

图4-17　2004—2018年西北地区各省份的城镇居民平均工资对比趋势图

表4-7　2004—2018年西北地区39个城市的城镇居民平均工资表

| 城市名称 | 城镇居民平均工资/万元 | | | | | | | | 年均增速/% |
|---|---|---|---|---|---|---|---|---|---|
| | 2004年 | 2006年 | 2008年 | 2010年 | 2012年 | 2014年 | 2016年 | 2018年 | |
| 呼和浩特 | 1.78 | 2.48 | 3.89 | 4.13 | 6.97 | 5.13 | 5.67 | 7.35 | 20.89 |
| 包头 | 1.65 | 2.29 | 3.25 | 4.15 | 5.17 | 5.60 | 6.44 | 7.56 | 23.79 |
| 乌海 | 1.29 | 1.82 | 2.73 | 3.99 | 5.15 | 5.41 | 5.83 | 7.55 | 32.43 |
| 赤峰 | 1.17 | 1.75 | 2.68 | 3.74 | 4.95 | 5.46 | 6.11 | 7.55 | 36.23 |
| 通辽 | 1.13 | 1.42 | 1.93 | 2.53 | 3.78 | 5.37 | 5.60 | 6.46 | 31.50 |
| 鄂尔多斯 | 1.56 | 2.81 | 3.86 | 5.52 | 6.93 | 7.02 | 7.61 | 9.49 | 34.02 |
| 呼伦贝尔 | 1.49 | 1.90 | 2.59 | 3.76 | 5.25 | 6.08 | 6.27 | 4.65 | 14.14 |
| 巴彦淖尔 | 1.10 | 1.55 | 1.93 | 3.05 | 4.87 | 5.00 | 5.67 | 6.99 | 35.53 |
| 乌兰察布 | 1.38 | 1.67 | 2.36 | 2.91 | 3.80 | 4.77 | 6.32 | 6.35 | 23.95 |
| 西安 | 1.59 | 2.12 | 3.06 | 3.95 | 4.80 | 5.59 | 7.20 | 8.77 | 30.08 |
| 铜川 | 1.08 | 1.55 | 2.42 | 3.11 | 4.17 | 4.85 | 5.38 | 6.59 | 34.05 |

续表4-7

| 城市名称 | 城镇居民平均工资/万元 | | | | | | | | 年均增速 /% |
|---|---|---|---|---|---|---|---|---|---|
| | 2004年 | 2006年 | 2008年 | 2010年 | 2012年 | 2014年 | 2016年 | 2018年 | |
| 宝鸡 | 1.28 | 1.50 | 2.30 | 3.43 | 4.28 | 4.62 | 5.43 | 6.41 | 26.82 |
| 咸阳 | 1.27 | 1.47 | 2.06 | 2.77 | 3.72 | 5.87 | 4.87 | 6.23 | 26.05 |
| 渭南 | 1.17 | 1.35 | 2.09 | 2.99 | 4.51 | 5.11 | 5.70 | 6.25 | 28.86 |
| 延安 | 1.17 | 1.48 | 2.54 | 3.40 | 4.81 | 4.48 | 5.17 | 6.42 | 29.79 |
| 汉中 | 1.14 | 1.59 | 2.53 | 3.19 | 4.20 | 4.70 | 5.94 | 6.76 | 32.72 |
| 榆林 | 1.21 | 1.85 | 2.96 | 4.06 | 5.50 | 5.90 | 6.65 | 7.68 | 35.80 |
| 安康 | 1.18 | 1.44 | 2.22 | 3.13 | 3.97 | 4.68 | 5.45 | 6.14 | 28.08 |
| 商洛 | 0.98 | 1.26 | 2.04 | 2.79 | 3.34 | 3.99 | 4.71 | 5.72 | 32.31 |
| 兰州 | 1.38 | 1.93 | 2.69 | 3.50 | 4.51 | 5.43 | 6.81 | 8.42 | 33.96 |
| 嘉峪关 | 2.24 | 2.80 | 3.66 | 4.70 | 5.18 | 5.34 | 6.69 | 7.81 | 16.62 |
| 金昌 | 1.90 | 2.81 | 3.58 | 4.80 | 5.88 | 5.69 | 5.55 | 7.36 | 19.16 |
| 白银 | 1.36 | 1.63 | 2.87 | 3.68 | 4.72 | 4.94 | 5.41 | 6.91 | 27.10 |
| 天水 | 0.95 | 1.39 | 1.60 | 2.26 | 3.23 | 3.94 | 4.82 | 6.06 | 35.87 |
| 武威 | 0.78 | 1.24 | 1.66 | 2.14 | 2.84 | 3.97 | 5.35 | 6.09 | 45.12 |
| 张掖 | 1.24 | 1.43 | 1.83 | 2.11 | 3.15 | 3.82 | 6.04 | 7.28 | 32.40 |
| 平凉 | 1.20 | 1.55 | 1.91 | 2.19 | 3.45 | 3.82 | 4.67 | 6.17 | 27.64 |
| 酒泉 | 1.39 | 1.73 | 2.17 | 2.63 | 4.14 | 4.43 | 5.07 | 5.97 | 22.08 |
| 庆阳 | 1.09 | 1.63 | 2.31 | 2.96 | 4.02 | 5.67 | 6.71 | 8.01 | 42.29 |
| 定西 | 1.13 | 1.72 | 2.28 | 3.06 | 4.18 | 4.32 | 5.31 | 6.78 | 33.39 |
| 陇南 | 0.99 | 1.44 | 1.95 | 2.82 | 3.39 | 4.34 | 5.76 | 6.59 | 37.93 |
| 西宁 | 1.67 | 2.17 | 2.73 | 3.35 | 4.40 | 5.60 | 6.14 | 8.56 | 27.61 |

| 城市名称 | 城镇居民平均工资/万元 | | | | | | | | 年均增速 /% |
|---|---|---|---|---|---|---|---|---|---|
| | 2004年 | 2006年 | 2008年 | 2010年 | 2012年 | 2014年 | 2016年 | 2018年 | |
| 银川 | 1.60 | 2.54 | 3.55 | 4.65 | 5.69 | 6.03 | 7.29 | 9.00 | 30.92 |
| 石嘴山 | 1.43 | 2.07 | 2.90 | 3.57 | 4.46 | 5.03 | 5.66 | 6.82 | 25.21 |
| 吴忠 | 1.28 | 1.71 | 2.45 | 3.14 | 4.18 | 5.24 | 5.62 | 7.62 | 32.92 |
| 中卫 | 1.24 | 1.62 | 2.39 | 3.08 | 3.98 | 5.10 | 6.24 | 7.75 | 34.93 |
| 固原 | 1.61 | 1.68 | 2.69 | 3.45 | 4.55 | 4.24 | 6.67 | 8.56 | 28.80 |
| 乌鲁木齐 | 1.88 | 2.37 | 3.34 | 4.12 | 5.07 | 6.16 | 7.33 | 8.64 | 24.00 |
| 克拉玛依 | 2.32 | 2.60 | 3.43 | 3.86 | 7.35 | 8.64 | 8.70 | 10.81 | 24.43 |
| 省会中心城市均值 | 1.65 | 2.27 | 3.21 | 3.95 | 5.24 | 5.66 | 6.74 | 8.46 | 27.52 |
| 资源型城市均值 | 1.33 | 1.81 | 2.60 | 3.45 | 4.68 | 5.32 | 5.97 | 7.12 | 29.02 |
| 其他类城市均值 | 1.29 | 1.66 | 2.33 | 3.07 | 4.11 | 4.70 | 5.70 | 6.84 | 28.68 |
| 整体均值 | 1.37 | 1.83 | 2.60 | 3.40 | 4.58 | 5.16 | 6.00 | 7.23 | 28.52 |

数据来源于历年《中国城市统计年鉴》。

### 4.3.3　工业污染物排放分析

工业"三废"是衡量环境污染的常用指标，为了便于各地区间工业污染物排放量的比较，借鉴范亚西（2020）[120]和段显明等（2012）[124]的做法，本书用单位GDP工业"三废"排放量（即工业废水、工业废气、工业固体废弃物排放量与GDP的比值）来衡量城市土地所承载的环境污染。图4-18展示了2004—2018年西北地区与全国的单位GDP工业废水排放量、单位GDP工业废气排放量和单位GDP工业固体废弃物排放量的对比情况，数据来源于历年《中国统计年鉴》《中国环境统计年鉴》和各省份的统计年鉴，个别缺失值用插值法进行了补充。

如图4-18所示，除了单位GDP工业废水排放量以外，西北地区的单位GDP工业废气排放量和单位GDP工业固体废弃物排放量均高于全国平均水平，而且西北地区单位GDP工业固体废弃物排放量与全国平均水平的差距在不断扩大。具体而言，2004—2018年，西北地区与全国的单位GDP工业废水排放量呈不断下降趋势，全国的单位GDP工业废水排放量高于西北地区，但是二者差距在不断缩小，最后趋于收敛，两条曲线在2017年、2018年重合；西北地区单位GDP工业废气排放量高于全国平均水平，两条曲线均呈现不断下降趋势；全国的单位GDP工业固体废弃物排放量除了在2011年小幅上升之外，其他时间均在逐渐下降，而西北地区的单位GDP工业固体废弃物排放量除了在2006—2008年下降外，其余时间均保持在较高的水平，这说明西北地区工业污染物排放量高于全国平均水平，而且在全国重视环境保护、污染物排放减少的情况下，西北地区的工业固体废弃物排放量仍然居高不下。

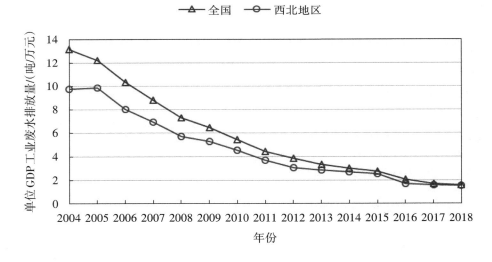

图4-18 2004—2018年西北地区与全国的单位GDP工业污染物排放量对比图

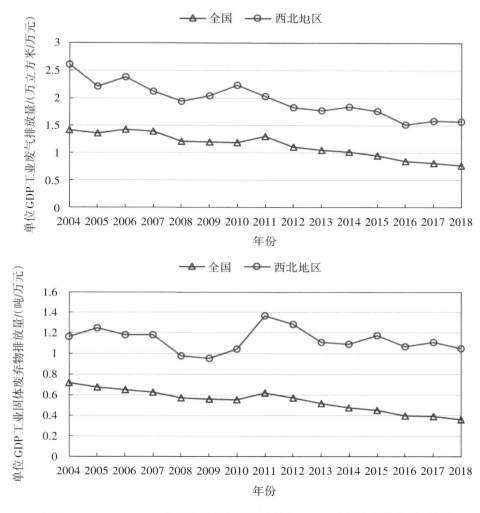

续图4-18　2004—2018年西北地区与全国的单位GDP工业污染物排放量对比图

从西北地区各省份来看：①工业废水：2004—2018年，西北地区6个省份的单位GDP工业废水排放量在快速下降，宁夏的单位GDP工业废水排放量最大，内蒙古的最小，各省份之间的差距不断缩小。②工业废气：宁夏的单位GDP工业废气排放量最大，陕西省最小，各省份间的差距变化不大。2004—2018年，除了宁夏在2010年快速上升以外，其他省份均呈现缓慢的下降趋势。③工业固体废弃物：青海省的单位GDP工业固体废弃物排放量最大，陕西省的最小。在研究期内，陕西省的单位GDP工业固体废弃物排放量呈不断下降趋势，而青海省的单位GDP工业固体废弃物排放量在2011年快速升高，之后仍保持在较高水平，其余4个省份的单位GDP工业固体废弃物排放量在研究期内变化不大。2004—2018年西北6个省份单位GDP工业污染物排放量的详细情况如图4-19所示，数据来源于历年《中国统计年鉴》《中国环境统计年鉴》和各省份的统计年鉴，个别缺失值用插值法进行了补充。

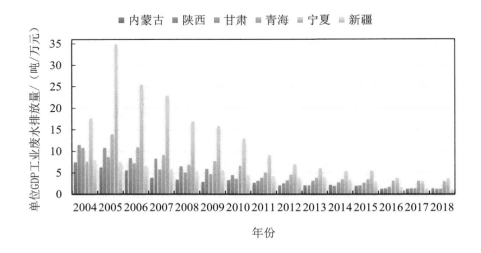

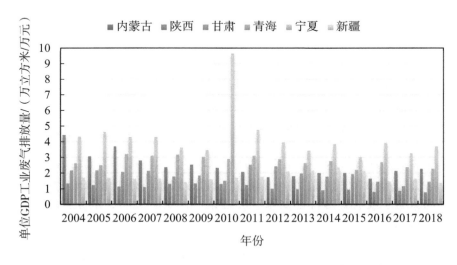

图4-19　2004—2018年西北地区分省份的单位GDP工业污染物排放量对比图

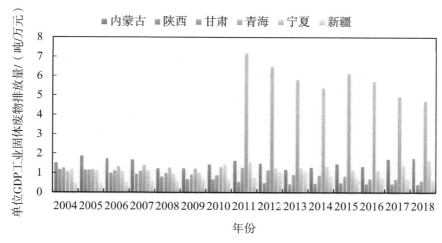

续图 4-19  2004—2018 年西北地区分省份的单位 GDP 工业污染物排放量对比图

工业"三废"是衡量环境污染常用的、具有代表性的指标，但是该指标只是统计到省份层面。在城市层面，常用的衡量工业环境污染的指标为工业废水排放量、工业二氧化硫排放量和工业烟（粉）尘排放量。为了便于各城市间的比较，借鉴翁智雄等（2017）[122]的做法，本书用单位 GDP 工业废水排放量、单位 GDP 工业二氧化硫排放量和单位 GDP 工业烟（粉）尘非放量来分析西北地区 39 个城市的工业污染物排放情况。

西北地区资源型城市的单位 GDP 工业污染物排放量最高，其他类城市次之，省会中心城市最低，三种类型城市之间的污染物排放量差距在缩小。本书将2018 年西北地区 39 个城市的单位 GDP 工业废水排放量、单位 GDP 工业二氧化硫排放量、单位 GDP 工业烟（粉）尘排放量数据引入 ArcGIS10.4 软件进行可视化制图，每种污染物用自然断点法进行了分类，如图 4-20 所示，数据来自历年《中国城市统计年鉴》。2018 年，单位 GDP 工业污染物排放量较高的城市集中在西北地区的甘肃省和宁夏回族自治区，陕西省各城市的单位 GDP 工业污染物排放量较低。具体来说，单位 GDP 工业废水排放量的高值集中在甘肃省中部的金昌和嘉峪关，宁夏回族自治区的吴忠和固原，以及内蒙古北部的呼伦贝尔和巴彦淖尔，而西北地区东南侧的安康、庆阳、汉中、西安等城市排放量较少；单位 GDP 工业二氧化硫排放量的分布比较分散，金昌、嘉峪关和石嘴山的排放量较高，而陕西省各城市排放量较低；单位 GDP 工业烟（粉）尘排放量的高值集中在西北地区中部的石嘴山、嘉峪关、武威和固原，而西北地区东南侧的平凉、西安、咸阳和延安的排放量较低。

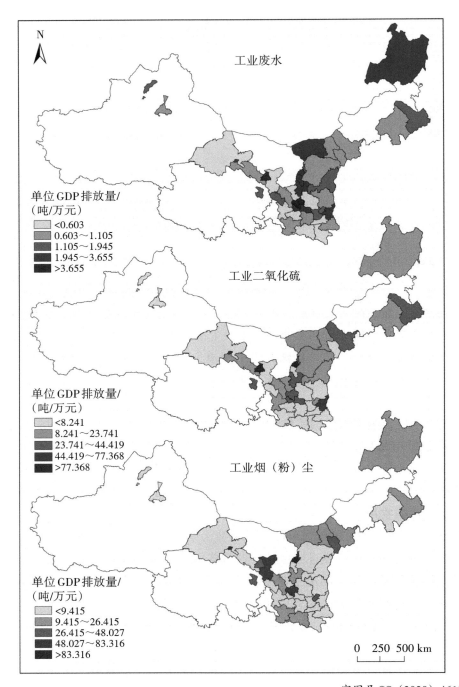

单位GDP排放量/
(吨/万元)
  <0.603
  0.603～1.105
  1.105～1.945
  1.945～3.655
  >3.655

工业废水

工业二氧化硫

单位GDP排放量/
(吨/万元)
  <8.241
  8.241～23.741
  23.741～44.419
  44.419～77.368
  >77.368

工业烟（粉）尘

单位GDP排放量/
(吨/万元)
  <9.415
  9.415～26.415
  26.415～48.027
  48.027～83.316
  >83.316

0  250  500 km

审图号 GS（2020）4619号

图4-20  2018年西北地区39个城市单位GDP工业污染物排放量分布图

## 4.4 中国西北地区城市土地利用现状

（1）城镇用地规模急剧扩大

西北地区城镇用地规模快速扩大，忽略了对存量土地的挖潜。2004—2018年，西北地区的城市建设用地面积从2614.24平方公里增长到5242.94平方公里，增长了100.55%，而在该时间段内，全国城市用地的平均增速为82.18%，西北地区的城市土地规模扩张速度高于全国平均水平。西北地区城市建设用地面积占全国城市建设用地面积的比例不断提升，从2004年的8.49%上升至2018年的9.35%。在研究期内，西北地区的城市用地快速扩张，大量耕地在城市扩张过程中被占用，而对城市内部存量用地的挖掘不足。在西北地区生态环境脆弱、可利用土地少的情况下，城镇占地规模的快速扩大对西北地区的城市用地供应提出了挑战，"人地矛盾"进一步突出。

（2）城市用地结构不合理

国家在2011年的建设用地分类标准中给出了各类建设用地参考标准的上、下限，而不论是哪一种用地类型，西北地区的城市中超过参考标准上限或者低于参考标准下限的情况均存在。具体来说，省会中心城市的设施用地占比较高，但是绿地和广场用地占比较低；资源型城市的物流仓储用地、服务设施用地占比较低，各种配套基础设施建设滞后；其他类城市中居住用地占比低，而不产生经济效益的绿地和广场用地占比高。用地结构不合理也会导致城市土地利用效率低下，以及城市土地资源的闲置、浪费等问题。

（3）城市土地的产出效益偏低

从城市土地的经济效益来看，西北地区单位建设用地面积二、三产业增加值低于全国平均水平，而且在2012年之后，西北地区与全国平均水平的差距进一步扩大，特别是在甘肃、宁夏和新疆，单位建设用地面积经济效益低的现象更加明显。从具体城市来看，甘肃省的嘉峪关、定西和平凉的城市土地经济效益最低，有待进一步提升。从城市土地的社会效益来看，西北地区的城镇居民平均工资也落后于全国平均水平，西北各省中甘肃省的城市土地社会效益最低，从具体城市来看，呼伦贝尔、商洛和酒泉的城市土地社会效益最低，存在进一步提高的空间。

（4）城市土地所承载的环境污染压力大

在产出效益低的情况下，西北地区城市土地还面临较大的环境压力。单位GDP工业废气排放量和单位GDP工业固体废弃物排放量都明显高于全国平均水平，而且在全国单位GDP工业固体废弃物排放量不断减少的情况下，西北地区的单位GDP工业固体废弃物排放量仍然保持在较高水平。西北地区的单位GDP工业废水排放量低于全国平均水平，原因可能是西北地区干旱少雨，水资源短缺，不适宜耗水量大的产业。从具体城市来看，西北地区甘肃省和宁夏回族自治区境内的部分城市，如金昌市、嘉峪关市、武威市、石嘴山市和固原市，城市土地所承载的工业污染物排放量都很大。作为中国重要的老工业基地，西北地区产业发展长期依靠能源、资源等要素驱动，处在产业链的末端，产品附加值低，而且污染排放量大，这种"资源拿走，污染留下"的发展模式不利于西北地区城市土地的可持续利用。

## 4.5 本章小结

本章主要分析了西北地区城市土地利用的现状，一方面有助于了解西北地区城市土地利用的规模、结构、效益等特征事实，另一方面也为本书后续章节的城市土地利用效率测度和影响因素分析奠定了基础。

2004—2018年，15年间西北地区的城市建设用地面积增长了一倍，城市建设用地面积的增速在波动下降，但是仍然高于全国的平均增速。本书所研究的39个城市中，吴忠和鄂尔多斯的城市建设用地面积扩张速度最快，年均增速分别高达56.16%和37.68%。由于存在广袤的未利用地，西北地区土地城镇化水平低于全国平均水平，但是土地城镇化的增速快于全国平均水平。从城市类型来看，省会中心城市的土地城镇化水平较高，而资源型城市则较低。

在研究时间范围内，我国的城市建设用地结构划分实施过两个分类标准，2004—2011年使用的是1990年标准（GBJ137-90），2012—2018年使用的是2011年标准（GB50137-2011），这给作者研究西北地区城市土地利用结构带来了一定的难度。本书详细比较了两个版本的用地分类标准，发现两个标准中居住用地和工业用地的统计口径相差不大，而1990年标准中的公共设施用地在2011年标准中被拆分为公共管理与公共服务设施用地与商业服务设施用地，居住用地、工业用地和设施用地面积占到城市建设用地总面积的60%，其他的用地类型或者被取消、合并，或者统计口径发生了较大的变化，而且占比相对较低。这为本书在实证部分中提取城市土地利用结构指标做了铺垫。本书还分别从西北地区整体、西北地区各个省份和所研究的39个城市的角度详细分析了两个标准下的城市土地利用结构的特征事实。

西北地区城市土地的产出效益偏低，经济效益和社会效益均低于全国平均水平。2012年之后，西北地区城市土地的经济效益与全国平均水平的差距进一步扩大。研究期间内，西北地区城市土地的社会效益得到了快速增长，但是仍然落后于全国平均水平。在产出效益低的情况下，西北地区城市土地所承载的环境压力还较大，除了工业废水以外，工业废气和工业固体废弃物排放量均高于全国平均水平，而且在工业固体废弃物排放量上与全国平均水平的差距呈扩大趋势。2018年，工业污染物排放量较高的城市集中在西北地区中部的甘肃省和宁夏回族自治区，陕西省各城市的工业污染物排放量较少。

通过本章的现状分析，发现西北地区的城市土地利用存在城镇占地规模急剧扩大、城市用地结构不合理、城市土地产出效益偏低、环境承载压力大等问题。

# 第5章
# 中国西北地区城市土地利用效率测算

　　本章将对西北地区的城市土地利用效率进行测算，是本书的核心章节。在阐述城市土地利用效率实现机理的基础上，选用合适的指标，用Super-SBM模型计算得到2004—2018年西北地区39个城市的城市土地利用效率，利用GML指数对测得的效率进行比较和分解，用效率损失模型从内部要素层面揭示出各投入产出变量的实际值与最优值的差异。

## 5.1　城市土地利用效率的理论分析

　　城市土地具有多种经济和社会功能，城市土地利用效率不能简单地追求经济投入和产出效益的提高，还应该综合体现社会、环境效益，在追求经济效益的同时，实现经济效益、社会效益和环境效益的统一。本书认为，城市土地利用效率是将人口、资本等生产要素投入到市辖区的土地上，经过一系列的社会经济活动，获得最优的经济价值产出、社会价值产出和环境价值产出，并且将环境污染的负面影响降至最低的过程。在要素投入上，根据生产函数，土地、劳动力、资本是生产活动中最重要的三种要素，城市土地利用效率的投入要素也应该涵盖这三种要素。在城市发展的初期阶段，投入要素规模的增加会产生集聚效应，这种集聚效应可以带来技术知识的溢出和生产效率的提高，有利于提高土地的产出效益；然而在投入要素达到一定规模后，再增加要素投入就会产生拥挤效应，土地规模报酬递减规律也决定了不能一味地追加要素投入，追加的投资如果超过土地承载能力便不再起作用，可以通过调整要素结构以达到最佳产出。

　　在土地产出上，由于城市用地是一个"人—经济—社会—生态环境"相互作用的复合生态系统（孙军平 等，2015）[123]，在计算城市土地利用效率时，不仅要考虑城市土地所带来的经济收益、社会收益、环境收益，还要考虑在城市土地上进行一系列社会经济活动给环境带来的负向影响（岳立 等，2020）[119]。经济收益是用来考察在城市土地上所生产的经济产值的体量；社会收益是用来考察城市中居民生活水平的改善；环境收益是用来考察人们享受城市环境的友好度，如公园、绿地等面积的增加等。经济收益、社会收益和环境收益是人们在城市土地利用过程中产生的三个"好"产出，土地资源的稀缺性决定了人们要追求"好"产出的最大化；而对环境的负面影响则是人们希望最小化的"坏"产出，它是用来衡量经过一系列的社会经济活动，城市土地所需要承载的环境污染，城市生态的脆弱性也要求保护环境，减少污染物的排放。基于以上分析，城市土地利用效率的实现机理如图 5-1 所示。

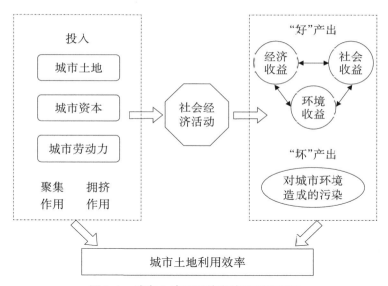

**图 5-1　城市土地利用效率的实现机理图**

　　本书所研究的城市土地是指狭义的城市土地，即城市市辖区的土地，因此本文在测度城市土地利用效率及分析其影响因素时，也采用市辖区统计口径的相关经济指标，如市辖区建设用地面积、市辖区第二三产业增加值、市辖区就业人数等。

## 5.2 研究方法、指标选取与数据说明

### 5.2.1 研究方法

#### 5.2.1.1 考虑非期望产出的Super-SBM模型

在当前测量城市土地利用效率的方法中，主要有熵值法、随机前沿法（SFA）、数据包络分析法（DEA）和随机森林法等。其中，使用最为广泛的是DEA方法，但是传统DEA模型多是径向或角度的，没有考虑投入或产出的松弛性，无法对包含非期望产出时的效率值进行有效测度。Tone（2001）[124]提出了非径向、非角度的SBM模型，既考虑了无效决策单元当前状态与强目标值之间的等比例改进的部分，又考虑了松弛改进的部分，避免了径向和角度造成的偏差，而且还可以允许模型中存在非期望产出。

假定有$n$个城市土地决策单元（decision-making units，DMUs），每个决策单元有$m$种投入要素，$s_1$种期望产出和$s_2$种非期望产出，分别用向量形式表示为$x \in R_m$、$y^g \in R_{s_1}$、$y^b \in R_{s_2}$，其矩阵形式分别为$X$、$Y^g$、$Y^b$，其中，$X = [x_1,\cdots,x_n] \in R_{m \times n}$，$Y^g = [y_1^g,\cdots,y_n^g] \in R_{s_1 \times n}$，$Y^b = [y_1^b,\cdots,y_n^b] \in R_{s_2 \times n}$，则SBM模型的生产性可能集可以表示为：$P = \{(x,y^g,y^b)|x \geqslant X\lambda, y^g \leqslant Y^g\lambda, y^b \geqslant Y^b\lambda, \lambda \geqslant 0\}$。

考虑了非期望产出的SBM模型的线性规划式为：

$$\rho^* = \min \frac{\dfrac{1}{m}\sum_{i=1}^{m}\dfrac{s_i^-}{x_{i0}}}{\dfrac{1}{s_1+s_2}\left(\sum_{r=1}^{s_1}\dfrac{s_r^g}{y_{r0}^g} + \sum_{l=1}^{s_2}\dfrac{s_l^b}{y_{l0}^b}\right)} \tag{5-1}$$

$$s.t. \begin{cases} x_0 = X\lambda + s^-, y_0^g = Y^g\lambda - s^g, y_0^b = Y^b\lambda + s^b \\ \lambda \geqslant 0, s^- \geqslant 0, s^g \geqslant 0, s^b \geqslant 0 \\ i = 1,2,\cdots,m, r = 1,2,\cdots,s_1, l = 1,2,\cdots,s_2 \end{cases}$$

其中，$\rho^*$为效率值，$x$为投入，$y^g$为期望产出，$y^b$为非期望产出，$\lambda$为权重，$s^-$、$s^g$、$s^b$分别为投入、期望产出和非期望产出的松弛变量。

SBM模型克服了传统DEA模型的一些缺点，但是也存在一些不足，当模型的效率值大于1时，无法对有效DMUs进行进一步的区分。Tone（2002）[125]又提

出了超效率SBM模型——（Super-SBM）。Super-SBM模型允许效率值大于等于 1，对有效DMUs进行了进一步区分，避免了有效DMUs无法比较的问题。不包括 DMUs $(x_0, y_0^g, y_0^b)$ 的生产性可能集为：

$$p \backslash (x_0, y_0^g, y_0^b) = \left\{ (\bar{x}, \bar{y}^g, \bar{y}^b) | \bar{x} \geqslant \sum_{j=1}^n \lambda_j x_j, \bar{y}^g \leqslant \sum_{j=1}^n \lambda_j y_j^g, \bar{y}^b \geqslant \sum_{j=1}^n \lambda_j y_j^b, \lambda \geqslant 0 \right\}$$

包含非期望产出的Super-SBM模型的线性规划式为：

$$\rho^* = \min \frac{\dfrac{1}{m} \sum\limits_{i=1}^m \dfrac{\bar{x}_i}{x_{i0}}}{\dfrac{1}{s_1 + s_2} \left( \sum\limits_{r=1}^{s_1} \dfrac{\bar{y}_r^g}{y_{r0}^g} + \sum\limits_{u=1}^{s_2} \dfrac{\bar{y}_l^b}{y_{l0}^b} \right)} \tag{5-2}$$

$$s.t. \begin{cases} \bar{x} \geqslant \sum\limits_{j=1, \neq 0}^n \lambda_j x_j, j = 1, \cdots, m \\ \bar{y}^g \leqslant \sum\limits_{j=1, \neq 0}^n \lambda_j y_j^g, r = 1, \cdots, s_1 \\ \bar{y}^b \geqslant \sum\limits_{j=1, \neq 0}^n \lambda_j y_j^b, l = 1, \cdots, s_2 \\ \bar{x} \geqslant x_0, \bar{y}^g \leqslant y_0^g, \bar{y}^b \geqslant y_0^b, \lambda \geqslant 0, \sum\limits_{j=1, \neq 0}^n \lambda_j = 1 \end{cases}$$

其中，$\rho^*$、$x$、$y^g$、$y^b$ 和 $\lambda$ 所代表的的含义与公式5-1中含义相同。变量上面加 "–" 代表投影值，变量右下角有下标0表示被评价决策单元。$\rho^*$ 大于0，$\rho^*$ 的值越大，代表效率水平越高。上式中当松弛量都等于0时，此 $\rho^*$ 的值大于等于1 时，表明DMUs处于有效率状态；而当 $\rho^*$ 小于1时，说明DMUs存在效率损失，此时可通过投入产出的调整进行改进，其改进的幅度由各松弛变量占投入产出的比例来确定。投入、产出和非期望产出的效率损失如公式5-3、5-4和5-5所示。

投入非效率，即投入冗余率的公式为：

$$IE_x = \frac{1}{m} \sum_{i=1}^m \frac{s_i^-}{x_i} \tag{5-3}$$

期望产出非效率，即期望产出不足率的公式为：

$$IE_y = \frac{1}{s_1} \sum_{r=1}^{s_1} \frac{s_r^g}{y_{ri}^g} \tag{5-4}$$

非期望产出非效率，即非期望产出冗余率的公式为：

$$IE_b = \frac{1}{s_2} \sum_{l=1}^{s_2} \frac{s_l^b}{y_{li}^b} \qquad (5\text{-}5)$$

公式5-3、5-4和5-5中，$IE_x$代表投入的冗余率，即由于投入要素过多而造成的效率损失，$IE_y$代表期望产出的不足率，即由于期望产出的不足而造成的效率损失，$IE_b$代表非期望产出的冗余率，即由于非期望产出过多而造成的效率损失。其他变量的含义与在公式5-1和公式5-2中的含义相同。

### 5.2.1.2　GML指数分解（Global Malmquist-Luenberger index）

借鉴Oh（2010）[126]的研究，本研究进一步引入GML指数，对西北地区城市土地利用效率进行比较和分解。GML指数是以各期的总和作为参考集，在研究效率时可以进行跨期比较，克服了传统Malmquist指数的缺陷[127]。在本书中，GML指数以Super-SBM距离函数为基础，根据Pastor等（2005）[128]构建的GML指数方法，定义从$t$期到$t$+1期的GML指数为：

$$
\begin{aligned}
&GML_t^{t+1}(x^t,y^t,b^t,x^{t+1},y^{t+1},b^{t+1}) \\
&= \frac{E^g(x^{t+1},y^{t+1},b^{t+1})}{E^g(x^t,y^t,b^t)} \\
&= \frac{E^t(x^{t+1},y^{t+1},b^{t+1})}{E^t(x^t,y^t,b^t)} \times \left[ \frac{E^g(x^{t+1},y^{t+1},b^{t+1})}{E^{t+1}(x^{t+1},y^{t+1},b^{t+1})} \times \frac{E^t(x^t,y^t,b^t)}{E^g(x^t,y^t,b^t)} \right] \\
&= EC_t^{t+1} \times TC_t^{t+1}
\end{aligned}
\qquad (5\text{-}6)
$$

上式中，参考集为各期的合集$p^g(x) = p^1(x^1) \bigcup p^2(x^2) \bigcup p^3(x^3), \cdots, p^t(x^t)$，$E^g(x^t,y^t,b^t)$为全局距离函数，利用公式5-2的Super-SBM模型求解。$GML_t^{t+1}$指数小于1、等于1和大于1分别表示从第$t$期到第$t$+1期的城市土地利用效率下降、不变和增长，$GML_t^{t+1}$指数可以分解为效率变化指数$EC_t^{t+1}$和技术变化指数$TC_t^{t+1}$的乘积，$EC_t^{t+1}$代表从第$t$期到第$t$+1期西北地区城市土地利用的实际产出与生产前沿面的最大迫近程度的变化，$TC_t^{t+1}$代表从第$t$期到第$t$+1期西北地区城市土地利用生产前沿面的移动，$EC_t^{t+1}$和$TC_t^{t+1}$大于1（小于1）分别代表从$t$时期到$t$+1时期的效率提升（下降）和技术进步（倒退）。

## 5.2.2　指标选取

### 5.2.2.1　投入指标

根据本章第一小节的理论分析，本书中城市土地利用效率的投入指标包括城市资本投入、城市劳动力投入和城市土地投入。在衡量城市资本投入时，有些学者用城市固定资产投资额来表示（龙开胜 等，2018[51]；杨奎 等，2018[129]），有些学者用城市资本存量来表示（何好俊 等，2017[45]；刘世超 等，2019[27]），本人认为城市固定资产投资额仅是反映当年新增加的资本投入，相比较而言，用城市资本存量更为合适。本书选用西北地区各城市的市辖区资本存量来表征城市资本投入，采用永续盘存法对中国西北地区39个城市的市辖区资本存量进行核算，公式如下：

$$K_{it} = K_{it-1}(1-\alpha) + I_{it} \tag{5-7}$$

其中，$i = 1,\cdots,39$，$t = 2004,2005,\cdots,2018$，$K_{it}$、$I_{it}$分别为第$i$个城市第$t$年的市辖区资本存量和固定资产投资总额，$\alpha$为固定资产的折旧率，借鉴张军等（2004）[130]的做法，本书的折旧率取值为9.6%。初始资本存量的计算公式为：

$$K_{i2004} = I_{i2005}/(\alpha + g_i) \tag{5-8}$$

其中，$g_i$为第$i$个城市2004—2018年的市辖区年均固定资产投资额的增长率。

为了消除价格的影响，本书中的城市资本存量以2004年为基期，用固定资产价格指数做了平减处理。

借鉴卢新海等（2020）[22]的研究，本书用市辖区城镇单位就业人员数与私营企业就业人员数之和来表征城市劳动力投入。参考王德起等（2019）[131]、金贵等（2018）[34]的研究，本书用城市市辖区建设用地面积来表征城市土地投入。

#### 5.2.2.2 期望产出指标

根据本章第一小节的理论分析，本书中城市土地利用效率的期望产出指标包括经济收益、社会收益与环境收益三部分。参照岳立等（2020）[119]的研究，经济收益用市辖区第二、三产业增加值来衡量，用GDP平减指数折算成2004年的不变价格；社会收益指标用城镇居民平均工资来衡量，同样以2004年为基期，用消费者价格指数进行折算；环境收益用人均公园绿地面积来衡量。

#### 5.2.2.3 非期望产出指标

本书所研究的城市土地利用效率考虑了环境的约束，借鉴龙开胜等（2018）[51]和王德起等（2019）[131]的做法，选取工业废水排放量、工业二氧化硫排放量和工业烟（粉）尘排放量来衡量城市土地利用效率的非期望产出。由于《中国城市统计年鉴》中这三个指标只统计到城市口径，而本书研究的城市土地利用效率是根据市辖区的经济社会活动来计算，相关环境污染指标扩算成市辖区口径更为合理。本书参照聂雷（2017）[132]的做法，用市辖区工业总产值占全市工业总产值的比例，将全市口径的工业废水排放量、工业二氧化硫排放量、工业烟（粉）尘排放量折算成市辖区口径，个别缺失值用插值法做了补充。

### 5.2.3 数据说明

中国西北地区城市土地利用效率投入产出指标体系及其数据来源如表 5-1 所示。

表 5-1 西北地区城市土地利用效率投入产出指标体系及其数据来源

| 标准层 | 要素层 | 指标层 | 数据来源 | 数据说明 |
|---|---|---|---|---|
| 投入 | 资本 | 城市资本存量 | 中国城市统计年鉴 | 市辖区统计口径，以 2004 年为基期，用固定资产价格指数做了平减，并用永续盘存法进行了折算 |
| | 劳动 | 城市就业人员数 | 中国城市统计年鉴 | 市辖区统计口径，用城镇单位就业人员数与私营企业就业人员数之和来表示 |
| | 土地 | 城市建设用地面积 | 中国城市建设统计年鉴 | 市辖区统计口径 |
| 期望产出 | 经济收益 | 城市第二、三产业增加值 | 中国城市统计年鉴 | 市辖区第二、三产业增加值之和，用 GDP 平减指数折算成 2004 年的不变价格 |
| | 社会收益 | 城市职工平均工资 | 中国城市统计年鉴 | 市辖区统计口径，用消费者价格指数折算成了 2004 年的不变价格 |
| | 环境收益 | 人均公园绿地面积 | 中国城市建设统计年鉴 | 市辖区统计口径 |
| 非期望产出 | 对环境的负面影响 | 工业废水排放量 | 中国城市统计年鉴 | 由于这三个非期望产出指标只统计到城市口径，本书用市辖区工业总产值占全市工业总产值的比例，将全市口径的工业废水排放量、工业二氧化硫排放量、工业烟（粉）尘排放量折算成市辖区口径 |
| | | 工业二氧化硫放量 | 中国城市统计年鉴 | |
| | | 工业烟（粉）尘放量 | 中国城市统计年鉴 | |

2004—2018年中国西北地区39个城市的城市土地利用效率投入产出指标描述性统计如表5-2所示。

表5-2　西北地区城市土地利用效率各投入产出指标的描述性统计

| 指标名称/单位 | 观测数 | 均值 | 标准差 | 最小值 | 最大值 |
|---|---|---|---|---|---|
| 城市资本存量/亿元 | 585 | 29.68 | 47.11 | 2.10 | 390.43 |
| 城市就业人员数/万人 | 585 | 1283.98 | 2396.03 | 7.73 | 24445.53 |
| 城市建设用地面积/平方公里 | 585 | 74.66 | 86.71 | 3.00 | 657.99 |
| 城市第二、三产业增加值/亿元 | 585 | 350.26 | 573.69 | 6.37 | 5250.65 |
| 城市职工平均工资/万元 | 585 | 3.00 | 1.22 | 0.19 | 7.05 |
| 人均公园绿地面积/（平方米/人） | 585 | 12.52 | 8.30 | 0.89 | 75.05 |
| 工业废水排放量/万吨 | 585 | 1487.11 | 2387.21 | 7.54 | 33007.00 |
| 工业二氧化硫排放量/万吨 | 585 | 2.99 | 3.55 | 0.01 | 16.75 |
| 工业烟（粉）尘放量/万吨 | 585 | 1.55 | 6.71 | 0.00 | 158.96 |

## 5.3　效率测算结果分析

上面两小节中，本书对城市土地利用效率的实现机理、研究方法和具体的指标选取做了阐述，接下来，本书基于Super-SBM模型，借助MaxDEA软件，对中国西北地区39个城市2004—2018年的城市土地利用效率进行测算。

中国西北地区39个城市2004—2018年城市土地利用效率的均值变化趋势如图5-2所示，为了方便对比西北地区不同类型城市的城市土地利用效率的差异，文章在趋势图中按照西北地区整体、省会中心城市、资源型城市和其他类城市四个部分分别展示。

整体来看，2004—2018年，中国西北地区城市土地利用效率整体呈现波动上升趋势，形态近似"N"形曲线。具体而言，2004—2010年，西北地区城市土地利用效率逐渐上升，效率均值从2004年的0.465上升至2010年的0.652。此期间为中国加入世界贸易组织后的前10年，中国的社会经济处于高速增长阶段，得益于经济的快速增长，中国西北地区的城市土地利用效率也得到了快速的提高；2010—2012年上升幅度变缓，效率曲线趋平，原因可能是受2008年全球金融危机的影响，西北地区的地方政府通过土地财政来刺激经济，城市用地面积迅速扩张，城市土地利用效率增长放缓；2012—2015年中国西北地区城市土地利用效率呈现下降趋势，从2012年的0.671（研究期间内次高点，仅低于2018年）下降至2015年的0.553，西北地区在经历了快速的经济增长后，土地城镇化的弊端进一步显现，环境污染加剧，城市土地利用效率下降；2015—2018年西北地区的城市土地利用效率值又转折上升，而且上升速度明显加快，到2018年达到了最高值0.747。

按照省会中心城市、资源型城市和其他类城市的分类来看：

省会中心城市的城市土地利用效率在研究时间范围内快速上升，2004—2013年，省会中心城市的效率曲线在另外三条效率曲线的下方，效率水平最低。原因可能是2013年之前省会中心城市用地方式粗放，城市建设用地扩张速度快，土地利用过程中的环境污染物排放多，城市土地利用效率水平低。2013年之后，省会中心城市的效率均值曲线依次穿过了另外三条效率曲线，特别是2016—2018年，效率水平快速上升，与资源型城市、其他类城市的差距逐渐拉大。原因可能在于2013年之后，中国经济进入新常态，2014年国家推出《国家新型城镇化规划（2014—2020年）》，要求节约集约利用土地资源，强化环境保护，西北地区的城市土地利用效率水平均大幅提升，而省会中心城市是西北地区的政治、经济和文化中心，政策传导更迅速、实施更快，效率水平上升幅度最大。

资源型城市的效率曲线与西北地区整体效率曲线的变化趋势类似，二者在多个年份都出现了重合。2004—2011年，资源型城市的城市土地利用效率呈现波动上升趋势，效率曲线处于中间位置，在其他类型城市的下方，在省会中心城市的上方；2011—2015年，资源型城市的城市土地利用效率直线下降，三种类型城市的效率曲线差距变小，出现了交叉重合；2015—2018年，效率曲线又大幅回升，回升的原因与上文介绍的省会中心城市的原因类似，该时间段内资源型城市的效率曲线仍然处于中间位置，但是位于省会中心城市的下方，其他类城市的上方。

其他类城市的城市土地利用效率变化曲线近似呈现"W"形，在经历了2004—2005年的短暂下降之后，2005—2009年快速上升，2009年该类型城市的城市土地利用效率达到研究时间范围内的最高点，2009—2012年效率曲线持平。值得注意的是，在2012年之前，除了2005年外，其他类型城市的效率曲线均在

另外三条效率曲线的上方，该时间段内其他类型城市的城市土地利用效率高于省
会中心城市和资源型城市，原因可能是其他类型城市土地面积小，污染物排放等
非期望产出较少，在省会中心城市土地快速扩张、资源型城市污染物排放较多的
情况下，其他类城市的效率水平相对较高；2012—2015年，该类型城市的城市
土地利用效率快速下降，原因与西北地区整体下降原因类似；2015—2018年，
该类型城市的城市土地利用效率波动上升，与另外两种类型的城市相比，效率值
最低，原因可能在于2013年之后，国家大力推行新型城镇化，注重绿色发展，
另外两种类型城市的土地利用水平更为集约，污染物排放显著减少，其他类城市
的非期望产出低的优势减弱，加之其他类型城市产业发展落后，第二、三产业增
加值和城镇居民平均工资等期望产出较低，故效率水平较低。

图5-2　2004—2018年西北地区城市土地利用效率均值变化趋势图

接下来，本书利用ArcGIS10.4软件，将所研究的西北地区39个城市的城市
土地利用效率进行可视化制图，图5-3展示了2004年（研究起始年）和2018年
（研究终止年）中国西北地区39个城市的城市土地利用效率空间分布情况。

2004年，西北地区城市土地利用效率的整体颜色较浅，效率高值的空间分布
较为分散。实现DEA有效（效率值大于等于1）的城市有8个，分别为庆阳

（1.13）、陇南（1.10）、天水（1.07）、酒泉（1.05）、乌兰察布（1.02）、武威（1.02）、呼伦贝尔（1.02）和吴忠（1.00）。6个省会中心城市中，有5个城市的效率值在0.3以下，分别为西安（0.18）、呼和浩特（0.19）、兰州（0.22）、白银〔0.27〕和西宁（0.29）。原因可能在于2004年西北地区大部分城市的经济发展水平落后，城市土地利用方式较为粗放，特别是省会中心城市的土地扩张速度快，而工业废水、工业二氧化硫等非期望产出的排放较多，导致城市土地利用效率水平较低，而非期望产出较少的庆阳、陇南、天水等城市的城市土地利用效率相对较高。

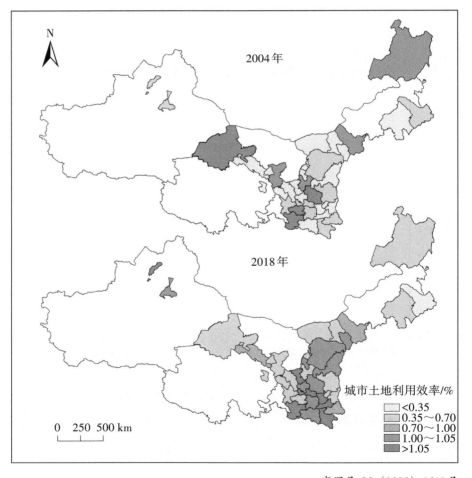

审图号 GS（2020）4619号

图5-3　2004年、2018年中国西北地区城市土地利用效率空间分布图

2018年，西北地区城市土地利用效率空间分布图的颜色较2004年明显变深，实现DEA有效的城市由2004年的8个增加到17个。效率高值向西北地区东南侧聚集，城市群的集聚作用增强，关中平原城市群、呼包鄂榆城市群、宁夏沿黄城市群和天山北坡城市群的大部分群内城市的城市土地利用效率值大于1。如关中平原城市群的西安（1.08）、宝鸡（1.02）、咸阳（1.07）、庆阳（1.03）和平凉（1.06）；呼包鄂榆城市群的呼和浩特（1.02）、鄂尔多斯（1.04）和榆林（1.01）；宁夏沿黄城市群的银川（1.03）、中卫（1.10）和固原（1.02）；天山北坡城市群的乌鲁木齐（1.01）和克拉玛依（1.07）。而兰西城市群内部城市的城市土地利用效率仍然处在较低水平，如兰州（0.47）、西宁（0.38）和白银（0.37）。

值得注意的是，甘肃省陇南市的城市土地利用效率在各年份均保持了较高的水平。2018年陇南市的效率值为1.39，是西北地区所有城市中的最高值。原因可能在于陇南市地处西秦岭山地，高山、峻岭、山谷、盆地错综复杂，生态环境脆弱，各级政府更注重生态环境保护，属于低收入、低排放的效率高值地区。

## 5.4　GML指数及其分解

接下来，本书使用GML指数对西北地区城市土地利用效率进行比较和分解，并探求其效率变化的内在驱动机制。本书以上文介绍的Super-SBM距离函数为基础，借助MaxDEA软件计算出了2004—2018年西北地区39个城市的城市土地利用效率GML指数，并将GML指数分解为效率变化指数（EC）和技术进步指数（TC），详细情况见表5-3。

表5-3　2004—2018年西北地区城市土地利用效率GML指数及其分解

| 城市名称 | 排名 | 累计变化值 | | | 几何平均值 | | |
|---|---|---|---|---|---|---|---|
| | | GML | EC | TC | GML | EC | TC |
| 呼和浩特 | 6 | 5.342 | 0.938 | 5.694 | 1.127 | 0.995 | 1.132 |
| 包头 | 14 | 2.643 | 1.566 | 1.688 | 1.072 | 1.033 | 1.038 |
| 乌海 | 7 | 4.730 | 3.533 | 1.339 | 1.117 | 1.094 | 1.021 |
| 赤峰 | 1 | 6.727 | 3.247 | 2.072 | 1.146 | 1.088 | 1.053 |
| 通辽 | 33 | 0.744 | 0.317 | 2.348 | 0.979 | 0.921 | 1.063 |

续表 5-3

| 城市名称 | 排名 | 累计变化值 | | | 几何平均值 | | |
|---|---|---|---|---|---|---|---|
| | | GML | EC | TC | GML | EC | TC |
| 鄂尔多斯 | 12 | 2.783 | 1.142 | 2.437 | 1.076 | 1.010 | 1.066 |
| 呼伦贝尔 | 35 | 0.528 | 0.531 | 0.995 | 0.955 | 0.956 | 1.000 |
| 巴彦淖尔 | 23 | 1.754 | 1.306 | 1.343 | 1.041 | 1.019 | 1.021 |
| 乌兰察布 | 34 | 0.688 | 0.931 | 0.738 | 0.974 | 0.995 | 0.979 |
| 西安 | 2 | 5.968 | 1.073 | 5.559 | 1.136 | 1.005 | 1.130 |
| 铜川 | 29 | 1.249 | 0.845 | 1.478 | 1.016 | 0.988 | 1.028 |
| 宝鸡 | 18 | 2.012 | 0.989 | 2.033 | 1.051 | 0.999 | 1.052 |
| 咸阳 | 5 | 5.513 | 3.369 | 1.636 | 1.130 | 1.091 | 1.036 |
| 渭南 | 24 | 1.620 | 1.294 | 1.253 | 1.035 | 1.019 | 1.016 |
| 延安 | 25 | 1.568 | 0.584 | 2.685 | 1.033 | 0.962 | 1.073 |
| 汉中 | 9 | 3.191 | 2.114 | 1.509 | 1.086 | 1.055 | 1.030 |
| 榆林 | 4 | 5.611 | 3.224 | 1.740 | 1.131 | 1.087 | 1.040 |
| 安康 | 11 | 2.839 | 1.292 | 2.197 | 1.077 | 1.018 | 1.058 |
| 商洛 | 22 | 1.771 | 1.989 | 0.891 | 1.042 | 1.050 | 0.992 |
| 兰州 | 17 | 2.128 | 0.903 | 2.357 | 1.055 | 0.993 | 1.063 |
| 嘉峪关 | 30 | 1.141 | 0.961 | 1.188 | 1.009 | 0.997 | 1.012 |
| 金昌 | 20 | 1.958 | 0.558 | 3.511 | 1.049 | 0.959 | 1.094 |
| 白银 | 26 | 1.383 | 1.081 | 1.279 | 1.023 | 1.006 | 1.018 |
| 天水 | 36 | 0.483 | 0.519 | 0.930 | 0.949 | 0.954 | 0.995 |
| 武威 | 39 | 0.361 | 0.358 | 1.009 | 0.930 | 0.929 | 1.001 |
| 张掖 | 13 | 2.734 | 2.024 | 1.351 | 1.074 | 1.052 | 1.022 |
| 平凉 | 16 | 2.204 | 0.968 | 2.276 | 1.058 | 0.998 | 1.061 |
| 酒泉 | 38 | 0.409 | 0.390 | 1.048 | 0.938 | 0.935 | 1.003 |
| 庆阳 | 32 | 0.912 | 0.331 | 2.752 | 0.993 | 0.924 | 1.075 |

续表5-3

| 城市名称 | 排名 | 累计变化值 | | | 几何平均值 | | |
|---|---|---|---|---|---|---|---|
| | | GML | EC | TC | GML | EC | TC |
| 定西 | 31 | 1.140 | 0.993 | 1.148 | 1.009 | 1.000 | 1.010 |
| 陇南 | 28 | 1.260 | 1.152 | 1.093 | 1.017 | 1.010 | 1.006 |
| 西宁 | 27 | 1.310 | 1.014 | 1.292 | 1.019 | 1.001 | 1.018 |
| 银川 | 3 | 5.686 | 3.751 | 1.516 | 1.132 | 1.099 | 1.030 |
| 石嘴山 | 19 | 1.971 | 3.002 | 0.657 | 1.050 | 1.082 | 0.970 |
| 吴忠 | 37 | 0.419 | 0.358 | 1.171 | 0.940 | 0.929 | 1.011 |
| 中卫 | 8 | 3.474 | 1.172 | 2.964 | 1.093 | 1.011 | 1.081 |
| 固原 | 10 | 2.912 | 1.020 | 2.855 | 1.079 | 1.001 | 1.078 |
| 乌鲁木齐 | 15 | 2.275 | 0.958 | 2.376 | 1.060 | 0.997 | 1.064 |
| 克拉玛依 | 21 | 1.833 | 0.895 | 2.048 | 1.044 | 0.992 | 1.053 |
| 省会中心城市 | — | 3.785 | 1.440 | 3.132 | 1.088 | 1.015 | 1.073 |
| 资源型城市 | — | 2.480 | 1.535 | 1.767 | 1.050 | 1.014 | 1.036 |
| 其他类城市 | — | 1.613 | 1.028 | 1.564 | 1.017 | 0.991 | 1.026 |
| 西北地区均值 | — | 2.392 | 1.351 | 1.909 | 1.045 | 1.007 | 1.038 |

研究发现：2004—2018年，西北地区的城市土地利用效率增长明显，西北地区整体GML指数的累计变化值为2.392，几何平均值为1.045，有31个城市的GML指数累计变化值大于等于1，仅有8个城市的GML指数累计变化值小于1。GML指数累计变化值最大的5个城市分别为赤峰市（6.727）、西安市（5.968）、银川市（5.686）、榆林市（5.611）和咸阳市（5.513），说明在研究时间范围内这5个城市的城市土地利用效率上升幅度最大；GML指数累计变化值最小的5个城市分别为武威市（0.361）、酒泉市（0.409）、吴忠市（0.419）、天水市（0.483）和呼伦贝尔市（0.528），说明在研究时间范围内，这5个城市的城市土地利用效率不升反降，居降幅前五位。

按照不同类型的城市分类来看，省会中心城市的城市土地利用效率增长幅度最快，其GML指数的累计变化值和几何平均值分别为3.785和1.088；资源型城市次之，其GML指数的累计变化值和几何平均值分别为2.480和1.050；其他类城市的城市土地利用效率增长幅度最小，其GML指数的累计变化值和几何平均值分别为1.613和1.017。

按照GML指数的分解结果来看，西北地区城市土地利用效率的变化（GML指数）主要是得益于技术进步指数（TC）的变化。39个城市中有27个城市的技术进步指数（TC）大于效率变化指数（EC），而且不论是从西北地区整体还是从三种不同城市类型的GML指数的分解结果来看，均是技术进步指数（TC）大于效率变化指数（EC），由此本研究认为技术进步（TC）是推动西北地区城市土地利用效率提高的主要因素。

## 5.5 投入和产出松弛变量分析

通过对投入和产出的松弛变量的分析，即投入产出变量的冗余和不足分析，可以揭示出各变量的实际值与最优值的差距，从内部要素层面为中国西北地区城市土地利用效率的改进及生产力的合理布局提供科学的依据。本书借助MaxDEA软件计算得到中国西北地区各生产决策单元投入产出要素的松弛值，分别依据公式5-3、公式5-4和公式5-5计算并整理得到中国西北地区39个城市各年份的投入冗余率、期望产出不足率和非期望产出冗余率，详细情况如表5-4所示。

从投入冗余率来看，资本投入冗余率最高，均值为31.75%，这说明西北地区的资本利用效率较为低下，资本使用存在浪费的情况。在研究时间范围内，土地投入冗余率呈现逐步下降态势，从2004年的42.76%下降至2018年的15.02%。劳动投入冗余率最小，各年份均值为13.70%。

从期望产出的不足率来看，人均公园绿地面积的不足率最大，职工平均工资的不足率次之，第二、三产业增加值的不足率最小，说明在提高西北地区的城市土地利用效率时，不能仅注重经济收益的提升，还要注重环境收益和社会收益的改善。

从非期望产出的冗余率来看，三个主要环境污染物的冗余率相差不大，且均处于较高水平，说明中国西北地区城市存在污染物过度排放的现象，不利于土地环境保护。

从时间序列来看，2004—2018年，西北地区投入要素和非期望产出的冗余率均呈下降趋势，与2004年相比，2018年西北地区劳动力、资本和土地投入的冗余率分别下降了13.97%、6.29%、27.74%，而工业废水排放量、工业SO₂排放量、工业烟（粉）尘排放量的冗余率分别下降了22.21%、28.57%、28.7%，这说明西北地区在改善投入要素和环境污染排放方面取得了一定的成果。从期望产出不足率的改善来看，2004—2018年，西北地区职工平均工资和人均公园绿地面积的效率损失大幅改善，第二、三产业增加值的效率损失略有提高，但仍维持在较低的水平。

表5-4　2004—2018年西北地区城市土地的投入产出冗余率与不足率　　单位：%

| 年份 | 投入冗余率 | | | 期望产出不足率 | | | 非期望产出冗余率 | | |
|---|---|---|---|---|---|---|---|---|---|
| | 城市资本存量 | 城市就业人员 | 建设用地面积 | 第二、三产业增加值 | 职工平均工资 | 人均公园绿地面积 | 工业废水排放量 | 工业二氧化硫排放量 | 工业烟（粉）尘排放量 |
| 2004 | 40.79 | 22.52 | 42.76 | 1.81 | 32.60 | 343.62 | 52.30 | 49.76 | 58.90 |
| 2005 | 36.84 | 15.78 | 40.93 | 0.65 | 48.83 | 366.43 | 51.65 | 53.12 | 62.38 |
| 2006 | 34.77 | 11.20 | 36.83 | 0.69 | 21.64 | 331.44 | 44.47 | 48.03 | 54.36 |
| 2007 | 34.10 | 9.43 | 31.55 | 0.17 | 15.86 | 207.11 | 44.15 | 44.76 | 49.32 |
| 2008 | 28.91 | 7.06 | 27.71 | 1.03 | 15.47 | 194.39 | 44.48 | 42.88 | 47.47 |
| 2009 | 25.63 | 7.28 | 23.65 | 0.00 | 10.23 | 176.23 | 39.92 | 35.06 | 39.31 |
| 2010 | 22.89 | 7.61 | 20.40 | 0.00 | 8.06 | 157.22 | 37.31 | 32.76 | 35.00 |
| 2011 | 24.25 | 8.18 | 18.36 | 0.00 | 6.60 | 153.85 | 37.05 | 29.96 | 49.20 |
| 2012 | 23.34 | 8.05 | 17.75 | 0.00 | 3.92 | 98.45 | 32.11 | 28.93 | 48.63 |
| 2013 | 35.78 | 12.53 | 21.10 | 0.97 | 4.76 | 81.25 | 38.03 | 39.95 | 60.05 |
| 2014 | 38.38 | 17.22 | 26.21 | 0.64 | 1.83 | 55.08 | 43.31 | 42.49 | 61.56 |
| 2015 | 37.93 | 22.23 | 20.58 | 0.00 | 18.64 | 71.12 | 46.36 | 45.52 | 61.10 |
| 2016 | 34.04 | 20.43 | 18.51 | 1.03 | 5.04 | 45.88 | 45.16 | 29.52 | 40.53 |
| 2017 | 31.80 | 19.75 | 17.70 | 1.56 | 3.21 | 37.04 | 35.98 | 28.99 | 40.05 |
| 2018 | 26.82 | 16.23 | 15.02 | 2.70 | 3.20 | 33.39 | 30.09 | 21.19 | 30.20 |
| 均值 | 31.75 | 13.70 | 25.27 | 0.75 | 13.33 | 157.50 | 41.49 | 38.19 | 49.20 |

## 5.6　本章小结

本章在阐述城市土地利用效率实现机理的基础上，使用Super-SBM模型测算了2004—2018年西北地区39个城市的城市土地利用效率。由于本书所研究的城市土地是指狭义的城市土地，即城市市辖区的土地，因此所选取的指标采用了市辖区的口径，对于只有整个城市统计口径的工业环境污染指标也按照市辖区工业总产值占全市工业总产值的比重进行了折算，测量结果相对准确，更具说服力。本书进一步利用GML指数和效率损失模型对西北地区城市土地利用效率进行了比较和分解，并从内部要素层面揭示出城市土地利用效率各投入产出变量的实际值与最优值的差距。本章对中国西北地区的城市土地利用效率做出了客观评价，同时也为第6章、第7章的分析奠定了基础。研究发现：

中国西北地区城市土地利用效率处在较低水平，2004—2018年整体呈现波动上升趋势，整体形态近似"N"形曲线。省会中心城市的城市土地利用效率在研究时间范围内快速上升。资源型城市的效率曲线与西北地区整体的效率曲线的变化趋势类似，其他类城市的效率曲线近似"W"形。甘肃省陇南市的城市土地利用效率在各年份均保持较高水平。2004年西北地区城市土地利用效率的高值相对分散，省会中心城市的效率值低。2018年效率高值聚集在西北地区的东南侧，城市群的聚集作用增强。

从GML指数及其分解结果来看，西北地区城市土地利用效率GML指数的累计变化值为2.392，有31个城市的GML指数累计变化值大于等于1，仅有8个城市的GML指数累计变化值小于1。按照城市类型来说，省会中心城市的GML指数最高，资源型城市次之，其他类城市最低，说明在研究时间范围内，省会中心城市的城市土地利用效率增长幅度最大，其次是资源型城市，其他类城市的城市土地利用效率增长幅度最小。从EC和TC的分解结果来看，西北地区大部分城市的技术进步指数（TC）大于效率变化指数（EC），技术进步（TC）是推动西北地区城市土地利用效率增长的主要因素。

从效率损失模型来看，西北地区的城市劳动力投入、城市土地投入和三个衡量环境污染的非期望产出的冗余率较高，期望产出中环境收益的不足率较大，而经济收益和社会收益的不足率相对较小。经济产出不足不是导致西北地区城市土地利用效率低下的主要原因，其原因是资源的过度消耗和污染物的过度排放。

# 第6章
# 中国西北地区城市土地利用效率的
# 时空演变特征

现有文献对城市土地利用效率测算结果的分析多是基于管理学或经济学视角的现象描述，从时空二维视角来刻画其时序演进规律和识别空间特征的研究较少（卢新海 等，2020）[22]。本章将对西北地区城市土地利用效率的时空演化特征进行详细的分析，包括西北地区城市土地利用效率的差异特征、时序演变特征、空间关联特征和时空动态特征。具体来说，本章将通过变异系数和泰尔指数对西北地区城市土地利用效率的差异特征进行描述，通过核密度函数和马尔科夫链转移矩阵描述其演变特征，利用全局、局部空间自相关及LISA聚类方法对其空间关联特征进行分析，最后引入探索性时空数据分析方法，对其时空动态特征进行分析。

## 6.1　研究方法

### 6.1.1　差异特征分析方法

#### 6.1.1.1　变异系数

变异系数是测量差异程度的一种常用方法，可以较好地消除平均值大小对离散程度的影响（雒占福 等，2020）[133]。本书选用变异系数来衡量中国西北地区城市土地利用效率的差异程度。变异系数的表达式如公式6-1所示。

$$Cv = \frac{1}{\bar{Y}} \sqrt{\sum_{i=1}^{n} \frac{(Y_i - \bar{Y})^2}{(n-1)}} \tag{6-1}$$

上式中，$Cv$代表变异系数，$Y_i$代表西北地区第$i$个城市的城市土地利用效率，$\bar{Y}$是西北地区城市土地利用效率的平均值，$n$代表城市的个数。$Cv$越大，代表各城市间城市土地利用效率的差别越大。

### 6.1.1.2　泰尔指数

泰尔指数是由 Theil（1967）[134]利用信息理论中的熵概念提出的可按照加法分解的不平等系数。变异系数可以测量西北地区城市土地利用效率差异的大小，但是无法揭示其差异的来源，而泰尔指数具备良好的可分解特性，当样本被分为多个群组时，泰尔指数可以用来分别衡量组内差距与组间差距对总体差距的贡献。泰尔指数自提出以来，得到了广泛的应用，特别是被众多学者用来计算收入不平等问题（魏后凯，1996）[135]。泰尔指数的表达式如公式6-2所示。

$$T = \frac{1}{n}\sum_{i=1}^{n}\frac{Y_i}{\bar{Y}}\log\left(\frac{Y_i}{\bar{Y}}\right) \tag{6-2}$$

上式中，$Y_i$代表第$i$个城市的城市土地利用效率，$\bar{Y}$代表本书所研究的39个城市的平均城市土地利用效率。假设$n$个样本被分为$K$个群组，每组有$n_k$个样本，泰尔指数可以被分解为组内差距和组间差距，即$T = T_b + T_k$，$T_b$与$T_k$的表达式如公式6-3和6-4所示：

$$T_b = \sum_{k=1}^{K}Y_k\log\left(\frac{Y_k}{n_k/n}\right) \tag{6-3}$$

$$T_k = \sum_{k=1}^{K}Y_k\left(\sum_{i=1}^{n}\frac{Y_i}{Y_k}\log\frac{Y_i/Y_k}{1/n_k}\right) \tag{6-4}$$

上式中，$T_b$为组内差距，$T_k$为组间差距，$Y_i$表示个体$i$的城市土地利用效率，$Y_k$表示群组$k$的城市土地利用效率，$n$为样本个数，$K$为群组个数，$n_k$为每组的样本数。

## 6.1.2　演进特征分析方法

前面所述的变异系数和泰尔指数可以反映西北地区城市土地利用效率相对差异的大小及来源，但是研究过程偏重静态的描述，无法获得事物内部的动态信息，而核密度函数和马尔科夫链分析可以揭示事物的动态演进规律。本书将利用这两种方法对西北地区城市土地利用效率的动态演进特征进行分析。

### 6.1.2.1　核密度函数

核密度函数估计方法是一种研究空间分布非均衡的重要工具，通过对变量的概率密度进行估计，用密度曲线描述变量的分布态势，反映变量的分布位置、形态和延展性等信息，而且核密度函数对模型的依赖性较弱，具有较强的稳健性（Zhen 等，2017[136]；陈明华 等，2019[137]）。随机变量 $x$ 的核密度函数如公式6-5所示：

$$f(x) = \frac{1}{nh} \sum_{i=1}^{n} K(\frac{X_i - \bar{X}}{h})$$ （6-5）

上式中，$n$ 为观测值个数，$X_i$ 为观测值，$\bar{X}$ 为均值，$h$ 为带宽，$K(\cdot)$ 为核函数。本书选用最常用的高斯核函数来研究西北地区城市土地利用效率的动态演变特征。高斯核函数的表达式如公式6-6所示：

$$K(x) = \frac{1}{\sqrt{2\pi}} \exp(-\frac{\bar{X}^2}{2})$$ （6-6）

#### 6.1.2.2 马尔科夫链转移矩阵

马尔科夫链分析（Markov）是通过引入概率转移矩阵来模拟区域内每个个体模拟在不同时期的变化过程[138]。其基本方法是将同时期的数据离散为 m 种类型，计算每种类型的概率分布，然后分析随时间的变化各种类型概率分布的变化，以近似模拟事物变化的整个过程。设义 $Q_t = [Q_{1,t}, Q_{2,t}, \cdots, Q_{n,t}]$ 为 $t$ 时刻某个事物属性类型的概率分布向量，则不同时刻 Markov 的转移概率矩阵如公式6-7所示。

$$M = \begin{bmatrix} p_{11} & \cdots & p_{1n} \\ \vdots & & \vdots \\ p_{n1} & \cdots & p_{nn} \end{bmatrix}$$ （6-7）

上面的矩阵中，$p_{ij}$ 为某个个体由在 $t$ 时刻的 $i$ 型转化为 $t+1$ 时刻的 $j$ 型的概率。$p_{ij}$ 的公式可以表示为：

$$p_{ij} = \frac{c_{ij}}{c_i}$$ （6-8）

上式中，$c_{ij}$ 为在研究时间范围内由 $t$ 时刻属于类型 $i$ 而 $t+1$ 时刻属于类型 $j$ 的地区数量之和，$c_i$ 为在所有研究时段上属于类型 $i$ 的区域数量总和。

### 6.1.3 空间相关分析方法

根据地理学第一定律，某一个城市的城市土地利用效率可能会对其邻近地区的城市土地利用效率产生影响，因此需要对其空间相关特征进行分析，本书将引入空间自相关方法来分析西北地区城市土地利用效率的空间关联特征。空间自相关是用来检验某个要素的属性值是否显著地与其相邻空间单位上的属性值相关联的重要指标[34]。空间自相关分为全局空间自相关和局部空间自相关。

### 6.1.3.1　全局空间自相关

全局空间自相关可以用来分析相对邻近的研究单元之间的空间依赖性，常用的检验全局空间自相关的方法有莫兰指数、吉尔里指数和 Getis-ord 指数。本书采用常用的莫兰指数来检验中国西北地区各城市的城市土地利用效率的全局空间相关性。莫兰指数公式如下：

$$I = \frac{\sum_{i=1}^{n} \sum_{j=1}^{n} W_{ij}(Y_i - \bar{Y})(Y_j - \bar{Y})}{S^2 \sum_{i=1}^{n} \sum_{j=1}^{n} W_{ij}} \qquad (6-9)$$

其中，$S^2 = \frac{1}{n} \sum_{i=1}^{n} (Y_i - \bar{Y})^2$，$\bar{Y} = \frac{1}{n} \sum_{i=1}^{n} Y_i$，$W_{ij}$ 为空间权重矩阵，$Y_i$、$Y_j$ 分别为西北地区城市 $i$、城市 $j$ 的城市土地利用效率，$n$ 为 39。

莫兰指数介于 -1 到 1 之间。如果指数大于 0，表明变量间存在空间正相关，即高值与高值相邻、低值与低值相邻；如果指数小于 0，表明变量间存在空间负相关，即高值与低值相邻；如果指数等于 0，表明变量之间相互独立，不存在空间相关性。

### 6.1.3.2　局部空间自相关

全局空间自相关不能确切表示集聚或者异常发生的具体空间位置，需要引入局部空间自相关方法作进一步分析。作者引入局部空间自相关的莫兰指数用来检验局部地区的集聚、离散效应，揭示西北地区每一个城市土地利用效率与其相邻单元之间的空间自相关程度。局部空间自相关的莫兰指数公式为：

$$I_i = \frac{n(Y_i - \bar{Y}) \sum_{j=1}^{n} W_{ij}(Y_j - \bar{Y})^2}{\sum_{i=1}^{n} (Y_i - \bar{Y})^2} \qquad (6-10)$$

其中，$I_i$ 是局部莫兰指数，其余符号与公式（6-9）中的意义类似，$I_i$ 大于 0 说明该研究单元的城市土地利用效率与邻近地区的差别较小，呈现"高高"聚集或者"低低"聚集的状态，$I_i$ 小于 0 说明该研究单元的城市土地利用效率与邻近地区的差别较大，呈现"高低"聚集或者"低高"聚集的状态。本文将根据局部莫兰指数的计算结果，在 5% 的显著性水平上绘制展现中国西北地区城市土地利用效率的局部空间相关性的 LISA（Local Indicators of Spatial Associations，LISA）聚类图（Roy 等，2020）[139]，对中国西北地区城市土地利用效率的集聚状态进行空间表达，并识别出"高高"（H-H）、"低低"（L-L）、"高低"（H-L）和"低高"（L-H）四种集聚形态。

### 6.1.3.3 空间权重矩阵的设定

空间权重矩阵的设定对于探索研究区域的空间关系具有重要的影响，本书将对常用的空间邻接矩阵、逆地理距离矩阵、经济距离矩阵和经济地理嵌套矩阵这四个空间权重矩阵的设定进行介绍，这些矩阵在本书第7章用空间计量模型分析西北地区城市土地利用效率的影响因素时也将用到。

空间邻接矩阵（$W_a$）：也被称作0-1矩阵，是最常用的空间权重矩阵之一。该矩阵根据各个城市间是否空间相邻来设定，若两城市在地理位置上相邻则赋值为1，否则赋值为0。

逆地理距离矩阵（$W_b$）：根据地理学第一定律，距离相对近的事物比距离相对较远的事物联系更加紧密[140]。本书借鉴周亚虹等（2013）[141]、胡安军（2019）[142]、张林（2016）[143]等人的做法，将逆地理距离矩阵设定为两地球面距离平方的倒数。具体公式如下：

$$W_b = \begin{cases} 1/d_{ij}^2, i \neq j \\ 0, i = j \end{cases} \tag{6-11}$$

其中，$d_{ij}$ 为根据经纬度测得两地之间的球面距离。

经济距离矩阵（$W_c$）：经济个体之间的关系不仅表现为地理上的位置邻近，也表现为经济组织关系上的邻近（Torre等，2000）[144]，因此有必要建立经济距离权重矩阵。在本书中，经济距离矩阵的设定参照谢兰云（2013）[145]的做法，公式如下：

$$W_c = \begin{cases} \dfrac{1}{\left| Y_i - Y_j \right|}, i \neq j \\ 0, i = j \end{cases} \tag{6-12}$$

上式中，$Y_i$ 表示在研究期内城市 $i$ 的地区生产总值的平均值，$Y_j$ 表示在研究期内城市 $j$ 的地区生产总值的平均值。

经济地理嵌套矩阵（$W_d$）：单纯以经济距离或者地理距离构建的空间权重矩阵具有一定的局限性，本书又构建经济距离嵌套矩阵，既考虑了两者间地理距离的影响，又可以反映经济因素在不同城市间的溢出和辐射的事实。经济地理嵌套矩阵的具体构建公式如下：

$$W_d = \begin{cases} \partial W_b + (1 - \partial)W_c, i \neq j \\ 0, i = j \end{cases} \quad (6\text{-}13)$$

其中，$\partial$ 借鉴李小平等（2020）[146]的做法，取值为0.5。

### 6.1.4 时空动态分析方法

前面所述的研究方法或者从时间维度（核密度函数、马尔科夫链）或者从空间维度（空间自相关）对西北地区城市土地利用效率的演化特征进行了分析，而本书接下来使用的探索性时空数据分析（Exploratory Space-Time Data Analysis，ESTDA）可以将时间维度和空间维度结合起来，探索西北地区城市土地利用效率的时空动态特征。

探索性时空数据分析方法是在传统空间局部自相关方法的基础上，将时间维度融入进去，研究时序行为在空间分布上的演进（Rey，2006）[147]，有效地整合了"时间—空间"要素。探索性时空数据分析方法主要包括LISA时间路径分析和LISA时空跃迁分析，目前该方法在资源配置领域的应用较广，对城市土地利用效率的时空交互特征的分析较少，毕斗斗等（2018）[148]用该方法对长江三角洲城市群的产业生态效率的时空动态演变特征进行了分析。

#### 6.1.4.1 LISA时间路径分析

LISA时间路径分析是空间单元在莫兰散点图上的连续表达，可以解释西北地区城市土地利用效率的区域协调变化、确定局部空间差异以及反映城市土地利用效率的时空动态特征。LISA时间路径分析包括LISA时间路径长度、弯曲度以及交叉率。

LISA时间路径相对长度的公式为：

$$\Gamma_m = \frac{M \cdot \sum_{t=1}^{T-1} d(q_{m,t}, q_{m,t+1})}{\sum_{m=1}^{M-1} \sum_{t=1}^{T-1} d(q_{m,t}, q_{m,t+1})} \quad (6\text{-}14)$$

LISA时间路径弯曲度的公式为：

$$\varepsilon_m = \frac{\sum_{t=1}^{T-1} d(q_{m,t}, q_{m,t+1})}{d(q_{m,1}, q_{m,T})} \quad (6\text{-}15)$$

$$q_{m,t} = \frac{E_{i,t} \sum_j W_{ij} E_{j,t}}{\sum_i E_{i,t}^2} \quad (6\text{-}16)$$

LISA时间路径交叉率公式为：

$$K_m = \frac{2k_m}{M(M-1)} \tag{6-17}$$

上式中，$d(q_{m,t}, q_{m,t+1})$表示城市$m$的城市土地利用效率在第$t$年到$t+1$年移动的距离。$W_{ij}$为空间权重矩阵，$\Gamma_m$为LISA时间路径长度，若城市$m$的移动长度超过区域整体的平均值，则$\Gamma_m$大于1；反之，若城市$m$的移动长度小于整体的平均值，则$\Gamma_m$小于1。$\Gamma_m$越大，说明城市$m$的空间动态表现越激烈。

$\varepsilon_m$为弯曲度，$\varepsilon_m$越大，城市$m$的LISA时间路径越曲折，说明该地区存在更加变动的局部空间依赖方向，受邻近地区的作用越明显。

$K_m$是时间路径的交叉率，$K_m$越大，说明该地区的演化中存在越多元的局部空间结构。本书中，$M=39$，表示西北地区的39个城市。

### 6.1.4.2　LISA时空跃迁分析

LISA时间路径描述了各空间单元在莫兰散点图上移动时间轨迹的几何特征，LISA时空跃迁可以揭示出不同局部邻域之间的空间关系。Rey等（2006）[147]将研究对象在特定时间跨度内的空间集聚性变化概括为12种跃迁形态，分为Type0、TypeI、TypeII、TypeIII四种类型。Type0表示随着时间的推移，城市$m$在其自身及邻域城市间均未发生任何跃迁；TypeI表示随着时间的推移，城市$m$在自身范围内发生跃迁，但未在其邻域城市间发生跃迁，包括$HH_t \to LH_{t+1}$、$LH_t \to HH_{t+1}$、$LL_t \to HL_{t+1}$、$HL_t \to LL_{t+1}$四种跃迁类型；TypeII表示城市$m$的邻域城市间发生跃迁而自身范围内则保持不变，包括$HH_t \to HL_{t-1}$、$HL_t \to HH_{t+1}$、$LH_t \to LL_{t+1}$、$LL_t \to LH_{t+1}$四种类型；TypeIII表示城市$m$在自身及邻域城市间均发生跃迁，又分为TypeIIIA类和TypeIIIB类，TypeIIIA类表示自身和邻域的跳跃方向一致，包括$HH_t \to LL_{t+1}$和$LL_t \to HH_{t+1}$两种类型，TypeIIIB类表示自身和邻域的跳跃方向不一致，包括$HL_t \to LH_{t+1}$和$LH_t \to HL_{t+1}$两种类型。基于此，还可以定义空间凝聚度（Spatial Cohesive）$C_t$，反映研究区域在研究时期内空间集聚性的路径依赖程度。空间凝聚度$C_t$的公式如下：

$$C_t = \frac{F_{0,t}}{n} \tag{6-18}$$

上式中，$F_{0,t}$为在研究时间内发生Type0类跃迁的城市单元数量，即不发生任何跃迁的城市单元数目，$n$为城市单元总数。

## 6.2 中国西北地区城市土地利用效率的差异特征分析

本书用Matlab2017b软件对2004—2018年西北地区39个城市的城市土地利用效率的变异系数和泰尔指数进行了测算，在测算泰尔指数时按照前文所述的省会中心城市、资源型城市和其他类城市进行了分组。图6-1和表6-1分别展示了2004—2018年西北地区39个城市的城市土地利用效率的变异系数和泰尔指数的变化情况。

西北地区各城市的城市土地集约利用程度不同，城市土地利用效率的差异逐渐显现。从变异系数的测算结果来看，2004—2018年，西北地区城市土地利用效率差异显著，差异先快速下降，后缓慢上升。西北地区城市土地利用效率的变异系数从2004年的0.69下降到2018年的0.41，累计降幅达40.45%。具体来看，2004—2008年，西北地区城市土地利用效率的变异系数快速下降，年均降幅达到了9.04%，说明在该时间段内西北地区各城市之间城市土地利用效率的差距在快速缩小；2009—2012年，变异系数的下降趋势趋缓，2012年达到了研究期内的最低值0.38，说明该时间段内，西北地区城市土地利用效率的差距仍然在缩小，但是缩小的幅度变小，2012年西北地区各城市城市土地利用效率的差距最小；2013—2015年，变异系数值趋于平稳，各年份之间相差不大，变异系数值在0.38～0.41之间波动；2016—2018年，变异系数缓慢上升，2018年的变异系数值为0.41，说明该时间段内西北地区城市土地利用效率的不平衡性加剧。

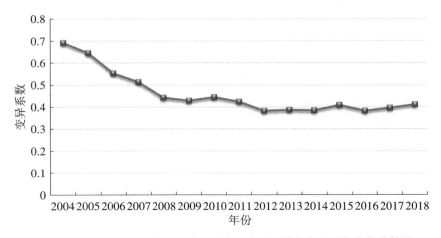

图6-1　2004—2018年西北地区城市土地利用效率变异系数变化趋势图

从泰尔指数的计算结果来看，整体上，在研究时间范围内，西北地区城市土地利用效率泰尔指数的变化趋势与变异系数的变化趋势一致，先快速下降再缓慢上升。从差异的来源来看，组间差异很小，组内差异占绝对支配地位，组内差异和组间差异对总体差异的贡献度在2004年分别为14.02%和85.98%，2018年分别为2.60%和97.4%。从分组的结果来看，资源型城市的泰尔指数最大，整体呈现波动下降趋势，该类型城市中各城市的城市土地利用效率差距最大，但是这一差距在逐渐缩小。省会中心城市的泰尔指数次之，各城市的城市土地利用效率差距在研究时间范围内呈现波动上升趋势，这是因为省会中心城市中呼和浩特、西安、银川和乌鲁木齐的城市土地利用效率在研究时间范围内得到了快速提升，而兰州和西宁的城市土地利用效率仍然维持在较低水平，省会中心城市之间的差距在逐渐扩大。其他类城市的泰尔指数最小，该类型城市各城市间城市土地利用效率差距在研究时间范围内先波动下降，后缓慢上升。

表6-1 2004—2018年西北地区城市土地利用效率泰尔指数计算结果

| 年份 | 整体泰尔指数 | 组间泰尔指数 | 组间差距占比 | 组内泰尔指数 | 组内差距占比 | 省会中心城市泰尔指数 | 资源型城市泰尔指数 | 其他类城市泰尔指数 |
|------|------|------|------|------|------|------|------|------|
| 2004 | 0.2075 | 0.0291 | 14.02% | 0.1784 | 85.98% | 0.0616 | 0.2331 | 0.1358 |
| 2005 | 0.1645 | 0.0149 | 9.09% | 0.1495 | 90.91% | 0.0279 | 0.2254 | 0.0516 |
| 2006 | 0.1362 | 0.0122 | 8.97% | 0.1240 | 91.03% | 0.0206 | 0.1828 | 0.0700 |
| 2007 | 0.1151 | 0.0118 | 10.26% | 0.1033 | 89.74% | 0.0491 | 0.1375 | 0.0709 |
| 2008 | 0.0894 | 0.0037 | 4.16% | 0.0857 | 95.84% | 0.1219 | 0.0971 | 0.0568 |
| 2009 | 0.0857 | 0.0094 | 10.93% | 0.0764 | 89.07% | 0.0440 | 0.0939 | 0.0642 |
| 2010 | 0.0933 | 0.0024 | 2.61% | 0.0908 | 97.39% | 0.0897 | 0.1118 | 0.0625 |
| 2011 | 0.0866 | 0.0022 | 2.49% | 0.0844 | 97.51% | 0.1172 | 0.0840 | 0.0720 |
| 2012 | 0.0693 | 0.0007 | 1.05% | 0.0685 | 98.95% | 0.1141 | 0.0734 | 0.0427 |
| 2013 | 0.0661 | 0.0013 | 1.98% | 0.0648 | 98.02% | 0.0849 | 0.0785 | 0.0322 |
| 2014 | 0.0649 | 0.0011 | 1.71% | 0.0638 | 98.29% | 0.0798 | 0.0675 | 0.0496 |

续表6-1

| 年份 | 整体泰尔指数 | 组间泰尔指数 | 组间差距占比 | 组内泰尔指数 | 组内差距占比 | 省会中心城市泰尔指数 | 资源型城市泰尔指数 | 其他类城市泰尔指数 |
|------|-----------|-----------|-----------|-----------|-----------|------------------|----------------|----------------|
| 2015 | 0.0749 | 0.0012 | 1.58% | 0.0737 | 98.42% | 0.1033 | 0.0689 | 0.0655 |
| 2016 | 0.0678 | 0.0006 | 0.93% | 0.0672 | 99.07% | 0.0559 | 0.0706 | 0.0671 |
| 2017 | 0.0744 | 0.0011 | 1.46% | 0.0733 | 98.54% | 0.0788 | 0.0673 | 0.0802 |
| 2018 | 0.0847 | 0.0022 | 2.60% | 0.0825 | 97.40% | 0.0678 | 0.0850 | 0.0864 |

## 6.3　中国西北地区城市土地利用效率的时序演进特征分析

### 6.3.1　核密度函数估计分析

本书首先用核密度函数来分析西北地区城市土地利用效率的分布动态演进特征。依据公式6-5和6-6，借助Eviews8.0软件对西北地区城市土地利用效率的核密度函数进行估计。图6-2分别展示了2004—2018年西北地区整体、省会中心城市、资源型城市和其他类城市的核密度函数估计结果。

研究发现：2004—2018年西北地区城市土地利用效率核密度分布曲线整体右移，说明该地区城市土地利用效率总体呈现上升趋势，这一特征与第5章中所述的特征事实相吻合。四个年份的核密度曲线均出现了"双峰"，主峰位置右移，说明西北地区整体的城市土地利用效率存在两极分化的空间非均衡特征，集聚类型先低值聚集，后高值聚集。2004—2018年，核密度曲线主峰的峰值"先上升，后下降"，分布的延展性"先缩小，后扩大"，说明在研究时间范围内，西北地区各城市的城市土地利用效率的差距呈现出"先缩小，后扩大"的演进特征。从各年份曲线的拖尾来看，2004年、2009年、2013年核密度曲线无明显的拖尾，但是2018年出现了明显的右拖尾，说明2018年效率高值区的城市土地利用效率有所提升，效率高值城市的占比增加，即该年份西北地区的城市土地利用效率存在"优者更优"的特征。

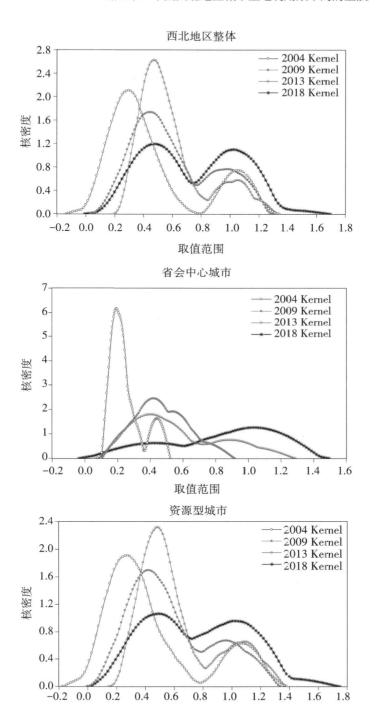

**图6-2 2004—2018年西北地区城市土地利用效率演进特征**

其他类城市

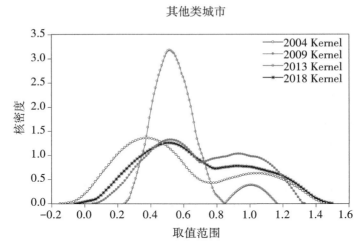

续图6-2　2004—2018年西北地区城市土地利用效率演进特征

从图6-2来看，省会中心城市、资源型城市和其他类城市的演进特征有较大差异。

省会中心城市的城市土地利用效率核密度分布曲线在各年份均出现了"一大一小"的双峰格局，2004—2013年主峰在左，次峰在右，2018年次峰在左，主峰在右，说明2004—2013年效率低值聚集，2018年效率高值聚集。该类型城市的核密度曲线的主峰峰值呈现明显的下降趋势，而且各年份分布的延展性增强，说明省会中心城市间的差距在扩大，这一发现也与泰尔指数的分类结果一致。具体而言，2004年"一大一小"两峰，主峰在左侧，分布范围窄，说明该年份省会中心城市之间呈现两极分化的低效率聚集状态。2009年核密度曲线右移，主峰和次峰的峰值差距变小，分布更为扁平，说明与2004年相比，该年效率值提高，地区间城市土地利用效率的差距扩大，两极分化的状态不明显。2013年核密度曲线继续右移，两个不太明显的双峰演变为明显的"一大一小"两峰，主峰在左，次峰在右，主峰峰值下降，分布的延展性有所拓宽。2018年，核密度曲线进一步右移，分布更平缓，演变为"一小一大"的双峰格局，主峰在右，次峰在左，说明该年度省会中心城市的效率水平进一步提高，地区间差距扩大。

资源型城市的核密度曲线的演进特征与西北地区整体的演进特征有些类似。2004年"一大一小"两峰，主峰在左，说明该类型城市大部分地区呈现低效率聚集状态。2009年核密度曲线整体右移，峰值变低，说明该类型城市的城市土地利用效率值提高，各地区间的差距变大。2013年核密度曲线的主峰变陡，峰值提高，分布宽度变窄，说明该年度资源型城市各城市间的效率差距变小。2018年核密度曲线继续右移，而且由之前年份的"一大一小"双峰演变为两个均衡的"M"形双峰，分布的延展性拓宽，存在右拖尾现象，说明该年份资源型城市的城市土地利用效率大幅提高，但是依然存在两极分化现象，各地区间的差距变大。

其他类城市的核密度分布曲线在各年份均呈现"一大一小"的双峰特征，主峰位置在左，次峰在右，分布的宽度呈现"先缩小，后扩大"的态势，峰值的高度先上升，后下降，说明其他类城市的城市土地利用效率也存在两极分化现象，效率集聚状态以低值聚集为主，该类型城市中各城市的效率差距先缩小，后扩大。

### 6.3.2　马尔科夫链转移分析

核密度估计以连续的密度曲线展现了西北地区城市土地利用效率的演进趋势及非均衡特征，但是没有揭示出西北地区城市土地利用效率的具体转移规律。接下来本小节用马尔科夫链转移矩阵阐述西北地区城市土地利用效率的转移路径和特征。

为了使每种类型的数量划分均衡，本书将西北地区2004—2018年39个城市的城市土地利用效率按照四分位数（0.25，0.5，0.75）划分为低（L）、中低（ML）、中高（MH）和高（H）四种类型。利用马尔科夫链方法，借助Mat-lab2017b软件计算得到整个样本考察期及2004—2011年、2012—2018年两个时间段内的西北地区城市土地利用效率的概率转移矩阵，具体如表6-2所示。

表6-2　2004—2018年西北地区城市土地利用效率马尔科夫链转移矩阵

| 时间段 | $n$ | $t/t+1$ | L | ML | MH | H |
|---|---|---|---|---|---|---|
| 2004—2018 | 141 | L | 0.6950 | 0.2482 | 0.0284 | 0.0284 |
| | 137 | ML | 0.1606 | 0.5693 | 0.2263 | 0.0438 |
| | 140 | MH | 0.0143 | 0.1500 | 0.5571 | 0.2786 |
| | 128 | H | 0.0078 | 0.0547 | 0.2422 | 0.6953 |
| 2004—2011 | 103 | L | 0.7476 | 0.1845 | 0.0291 | 0.0388 |
| | 54 | ML | 0.1481 | 0.5556 | 0.2778 | 0.0185 |

续表6-2

| 时间段 | $n$ | $t/t+1$ | L | ML | MH | H |
|---|---|---|---|---|---|---|
| | 57 | MH | 0.0000 | 0.1404 | 0.5263 | 0.3333 |
| | 59 | H | 0.0169 | 0.0339 | 0.2881 | 0.6610 |
| 2012—2018 | 38 | L | 0.5526 | 0.4211 | 0.0263 | 0.0000 |
| | 83 | ML | 0.1687 | 0.5783 | 0.1928 | 0.0602 |
| | 83 | MH | 0.0241 | 0.1566 | 0.5783 | 0.2410 |
| | 69 | H | 0.0000 | 0.0725 | 0.2029 | 0.7246 |

西北地区城市土地利用效率的马尔科夫链转移矩阵具有以下特征：

从整个时间段来看，西北地区的城市土地利用效率水平存在"俱乐部趋同"现象，2012年之后这一现象减弱。矩阵中对角线的概率值大于非对角线的概率值，说明西北地区城市土地利用效率的类型转移具有稳定性，从$t$时刻到$t+1$时刻维持原状的可能性比较大。分时间段来看，2004—2011年、2012—2018年的转移矩阵中对角线概率均值分别为62.26%、60.85%，说明这两个时间段内西北地区的城市土地利用效率均存在"俱乐部趋同"现象，但是2012年之后这一现象减弱。

2004—2018年，西北地区城市土地利用效率维持在低类型和高类型的概率最大，分别为69.50%和69.53%，说明西北地区的城市土地利用效率存在"马太效应"，$t$时刻处于高水平和低水平的地区更有可能在$t+1$时刻维持在原有的高水平和低水平上。2004—2011年，效率值维持在低水平的概率最高，为74.76%；2012—2018年，效率值保持在高水平的概率最高，为72.46%。

在整个样本研究范围内，转移矩阵对角线左侧的概率平均值为10.49%，而右侧的均值为14.23%，对角线右侧的概率均值大于左侧，说明向上转移的概率大于向下转移的概率，这与第5章中西北地区城市土地利用效率呈波动上升趋势的特征事实保持一致。分时间段来看，2004—2011年概率转移矩阵对角线左右两侧的均值分别为10.46%、14.70%，2012—2018年概率转移矩阵对角线左右两侧的均值分别为10.41%、15.69%，在这两个时间段内都是向上转移的概率大于向下转移的概率，而且2012—2018年向上转移的概率比2004—2011年更大。

2004—2018年，西北地区的城市土地利用效率存在跳跃转移的情况，但是跳跃转移的概率较小。具体来说，由低水平向中高水平和高水平转移的概率均为2.84%，由中低水平向高水平转移的概率为4.38%，由中高水平向低水平转移的概率为1.43%，由高水平向低水平和中低水平转移的概率分别为0.78%和5.47%。分时间段来看，2004—2011年发生跳跃转移的概率均值为2.29%，而2012—2018年跳跃转移的概率均值为3.05%，两个时间段内发生跳跃转移的概率均较低，而且2012—2018年发生跳跃转移的概率略大于2004—2011年。

## 6.4　中国西北地区城市土地利用效率的空间相关特征分析

上面两小节的分析介绍了西北地区城市土地利用效率的差异特征和时序演进特征，而在本节中，将对西北地区城市土地利用效率的空间关联特征进行分析。根据地理学第一定律，某一个城市的城市土地利用效率可能会对其邻近地区产生影响，需要对其空间关联特征进行分析。本章将从全局空间关联特征和局部空间关联特征两个方面开展分析。

### 6.4.1　全局空间关联特征分析

借助Stata15.0软件，根据公式6-9，基于经济地理嵌套权重矩阵，计算得到西北地区2004—2018年的全局莫兰指数。详细结果如表6-3所示。

表6-3　2004—2018年西北地区城市土地利用效率全局莫兰指数

| 年份 | 莫兰指数 | Z统计量 | p值 | 年份 | 莫兰指数 | Z统计量 | p值 |
|------|---------|--------|-----|------|---------|--------|-----|
| 2004 | −0.017 | 0.102 | 0.459 | 2012 | 0.107* | 1.374 | 0.085 |
| 2005 | 0.03 | 0.637 | 0.262 | 2013 | 0.214*** | 2.527 | 0.006 |
| 2006 | 0.065 | 0.963 | 0.168 | 2014 | 0.217*** | 2.56 | 0.005 |
| 2007 | −0.004 | 0.236 | 0.407 | 2015 | 0.184** | 2.207 | 0.014 |
| 2008 | 0.083 | 1.131 | 0.129 | 2016 | 0.171** | 2.04 | 0.021 |
| 2009 | 0.058 | 0.873 | 0.191 | 2017 | 0.150** | 1.807 | 0.035 |
| 2010 | 0.02 | 0.479 | 0.316 | 2018 | 0.185** | 2.171 | 0.015 |
| 2011 | 0.103* | 1.329 | 0.092 | | | | |

注释：*、**、***分别为在10%、5%和1%的水平下显著。

2004—2018年，中国西北地区城市土地利用效率的莫兰指数有2年的结果为负值，13年的结果为正值，而且有8年通过了显著性水平检验，有7年没有通过显著性水平检验。2011年之后，西北地区城市土地利用效率的全局莫兰指数快速提升，并且2011—2018年的莫兰指数结果全部通过了显著性水平检验。这说明中国西北地区的城市土地利用效率具有较为显著的正向空间依赖性与空间聚集性，特别是2011年之后，西北地区一个城市的城市土地利用效率会对其邻近城市的城市土地利用效率产生正向影响。

图6-3更直观地展示了2004—2018年西北地区39个城市的城市土地利用效率全局莫兰指数变化趋势。2004—2010年，西北地区城市土地利用效率的莫兰指数在较低水平上波动，且Z统计量均不显著，说明该时间段内西北地区城市土地利用效率的空间关联不明显；2011—2014年，莫兰指数快速提升，而且全部通过了显著性水平检验，并于2014年达到样本考察期内的最高值，说明该时间段内西北地区城市土地利用效率的空间依赖性逐渐增强。2014—2017年，莫兰指数曲线呈下降趋势，但各年份的莫兰指数值均在0.15以上，且通过了显著性水平检验。说明该时间段内西北地区各城市的城市土地利用效率的空间关联程度有所下降，但是空间效应仍然显著存在。2018年莫兰指数又转而上升，并通过了显著性水平检验。

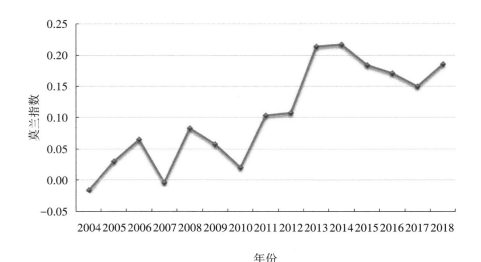

图6-3　2004—2018年西北地区城市土地利用效率全局莫兰指数变化趋势图

### 6.4.2　局部空间关联特征分析

全局空间自相关指数是一个趋于整体的度量指标，仅能反映研究单元与周边关联的平均程度。为了揭示西北地区城市土地利用效率局部空间聚集的具体位置，本书进一步引入局部空间自相关分析，对中国西北地区城市土地利用效率的聚集状态进行空间表达。本书在5%的显著性水平上绘制展现中国西北地区城市土地利用效率的局部空间相关性的LISA聚类图，并识别出"高高"（H-H）、"低低"（L-L）、"高低"（H-L）和"低高"（L-H）四种聚集形态。图6-4展示了2004年、2009年、2013年和2018年西北地区城市土地利用效率的LISA空间聚类图。

如图6-4（彩图见前插页）所示，2004年西北地区城市土地利用效率的空间聚集程度不高，甘肃的陇南和天水"高高"聚集，内蒙古的乌兰察布、甘肃的武威和宁夏的吴忠为"高低"聚集，其他城市的聚集状态不显著。2009年，西北地区城市土地利用效率的空间聚集程度呈"大分散、小聚集"的态势，"高高"集聚的两个城市均在内蒙古，为包头和鄂尔多斯，"高低"聚集状态出现在陕西的商洛和甘肃的定西，宁夏的固原"低低"聚集。2013年西北地区城市土地利用效率的空间聚集程度明显增强，"大分散、小聚集"的状态依然存在，内蒙古的包头和鄂尔多斯依然是"高高"聚集；陕西的安康、甘肃的白银和陇南均为"高低"集聚；2013年"低低"集聚的城市明显增多，主要出现在甘肃和宁夏境内，包括兰州、白银、张掖和固原。2018年，西北地区城市土地利用效率的集聚地区向西北地区东南侧靠拢，空间聚集状态以"高高"集聚和"低低"集聚为主，"高高"集聚的城市分布在西北地区东南侧陕西和甘肃交汇的地区，包括陕西的宝鸡、汉中和安康以及甘肃的平凉和庆阳，"低低"集聚的地区包括甘肃中部的金昌、兰州、武威和内蒙古的通辽。此外，2018年吴忠和天水均为"低高"集聚。

综合而言，西北地区城市土地利用效率的局部空间关联呈现"小聚集，大分散"的状态，2018年聚集地区向西北地区东南侧靠拢，"低低"集聚的城市仍然存在。因此，在西北地区后续的发展规划中，应严格控制城市建设用地的规模，增加城市间的联动发展，促进城市土地利用效率"高高"集聚，甘肃省内"低低"集聚的城市应转变经济发展方式，走新型城镇化的发展路径，促进城市土地的集约利用。

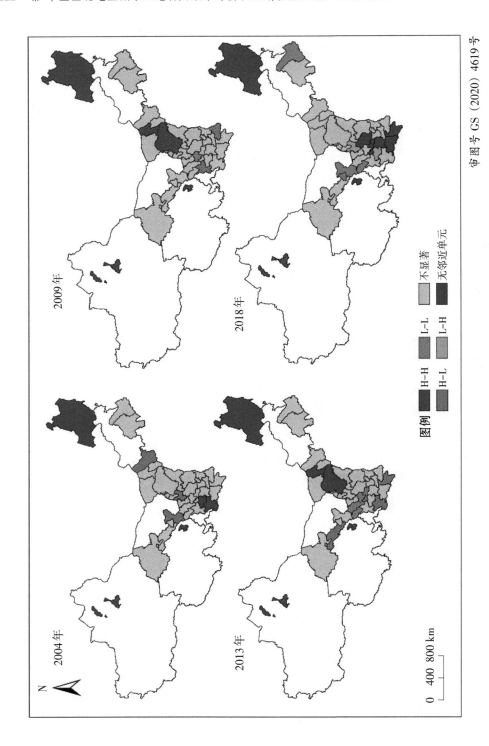

图6-4 2004年、2009年、2013年、2018年西北地区城市土地利用效率LISA聚类图

## 6.5 中国西北地区城市土地利用效率的时空动态特征分析

### 6.5.1 LISA时间路径分析

借助 Matlab2017b 软件，根据公式 6-14、6-15、6-16 和 6-17，对 2004—2018 年西北地区 39 个城市的城市土地利用效率 LISA 时间路径长度、弯曲度及其交叉率进行了测算，详细结果如表6-4和表6-5所示。

LISA 时间路径长度大于 1 的城市有 16 个，小于 1 的城市有 23 个。资源型城市的城市土地利用效率的 LISA 时间路径平均长度最大（1.07），其他类城市次之（1.068），省会中心城市最小（0.768）。这说明资源型城市的城市土地利用效率拥有更加动态的局部空间结构，而省会中心城市具有较为稳定的局部空间结构。LISA 时间路径长度最大的三个城市分别为：陇南（2.536）、固原（1.999）和克拉玛依（1.937）；最小的三个城市分别为兰州（0.287）、渭南（0.310）和西宁（0.361）。

省会中心城市、资源型城市和其他类城市的城市土地利用效率的 LISA 时间路径弯曲度的均值分别为 5.898、18.405 和 7.650，资源型城市的城市土地利用效率的局部空间依赖最为强烈，增长过程最为曲折波动。在样本研究时间范围内，西北地区城市土地利用效率的 LISA 时间路径弯曲度最大的三个城市分别为陇南（136.407）、延安（44.712）和金昌（44.370），最小的三个城市分别为酒泉（1.132）、吴忠（1.160）和呼伦贝尔（0.579）。

表6-4 西北地区城市土地利用效率 LISA 时间路径长度和弯曲度

| 城市名称 | 长度 | 弯曲度 | 城市名称 | 长度 | 弯曲度 |
|---|---|---|---|---|---|
| 呼和浩特 | 0.898 | 3.175 | 金昌 | 1.444 | 44.370 |
| 包头 | 1.258 | 30.776 | 白银 | 0.400 | 3.984 |
| 乌海 | 0.606 | 2.266 | 天水 | 0.638 | 1.501 |
| 赤峰 | 0.982 | 15.378 | 武威 | 1.081 | 2.257 |
| 通辽 | 1.112 | 5.345 | 张掖 | 1.408 | 12.083 |

续表6-4

| 城市名称 | 长度 | 弯曲度 | 城市名称 | 长度 | 弯曲度 |
|---|---|---|---|---|---|
| 鄂尔多斯 | 1.001 | 4.941 | 平凉 | 0.699 | 4.438 |
| 呼伦贝尔 | 0.579 | 1.488 | 酒泉 | 0.530 | 1.132 |
| 巴彦淖尔 | 0.555 | 11.582 | 庆阳 | 1.604 | 8.600 |
| 乌兰察布 | 1.685 | 5.524 | 定西 | 1.060 | 10.085 |
| 西安 | 0.510 | 1.595 | 陇南 | 2.536 | 136.407 |
| 铜川 | 0.934 | 8.470 | 西宁 | 0.361 | 3.433 |
| 宝鸡 | 1.130 | 9.316 | 银川 | 0.781 | 2.664 |
| 咸阳 | 0.744 | 2.406 | 石嘴山 | 0.382 | 11.745 |
| 渭南 | 0.310 | 4.495 | 吴忠 | 0.514 | 1.160 |
| 延安 | 1.549 | 44.712 | 中卫 | 1.680 | 6.475 |
| 汉中 | 0.890 | 3.996 | 固原 | 1.999 | 9.895 |
| 榆林 | 0.771 | 2.726 | 乌鲁木齐 | 1.773 | 11.711 |
| 安康 | 0.829 | 3.451 | 克拉玛依 | 1.937 | 17.246 |
| 商洛 | 0.822 | 33.525 | 省会中心城市 | 0.768 | 5.898 |
| 兰州 | 0.287 | 12.808 | 资源型城市 | 1.068 | 18.405 |
| 嘉峪关 | 0.721 | 5.781 | 其他类城市 | 1.003 | 7.650 |

从时间路径交叉率来看，2004—2012年的时间路径交叉率呈波动上升趋势，说明该时间段内西北地区城市土地利用效率的局部时空模式越来越多元；2012—2018年的交叉率呈波动下降趋势，多元化的局部时空模式趋于稳定。从具体年份来看，2011—2012年时间路径交叉率最高，该时期发生的局部时空变化最多；2004—2005年交叉率最低，该时期西北地区城市土地利用效率的局部时空模式最稳定，发生的变化最少。

表6-5　西北地区城市土地利用效率LISA时间路径交叉率

| 年度 | 交叉率 | 年度 | 交叉率 |
|------|--------|------|--------|
| 2004—2005 | 0.0189 | 2011—2012 | 0.0702 |
| 2005—2006 | 0.0432 | 2012—2013 | 0.0594 |
| 2006—2007 | 0.0378 | 2013—2014 | 0.0351 |
| 2007—2008 | 0.0351 | 2014—2015 | 0.0432 |
| 2008—2009 | 0.0270 | 2015—2016 | 0.0486 |
| 2009—2010 | 0.0459 | 2016—2017 | 0.0324 |
| 2010—2011 | 0.0648 | 2017—2018 | 0.0378 |

## 6.5.2　LISA时空跃迁分析

LISA时空跃迁可以揭示在研究期内不同城市土地利用效率在莫兰散点图上的转移轨迹。如表6-6所示，在打破空间依赖属性的城市中，代表城市自身跃迁而邻域单元保持不变的TpyeI型跃迁发生的概率为20.8%，代表城市自身不变而邻域城市变化的TpyeII型跃迁概率为33.3%，代表城市自身和邻域城市都发生TpyeIII型跃迁的概率也为33.3%。按具体跃迁类型来说，LL→HH和LL→HL的概率最大，两种跃迁类型的概率均为15.4%，LH→LL和LH→HL的跃迁概率次之（10.3%），LH→LH和HL→HL这两种跃迁类型发生的概率为0。

表6-6　西北地区城市土地利用效率LISA时空跃迁概率矩阵

| | HH | LH | LL | HL |
|------|------|------|------|------|
| HH | Type0(0.051) | TypeI(0.026) | TypeIII(0.026) | TypeII(0.026) |
| LH | TypeI(0.077) | Type0(0.000) | TypeII(0.103) | TypeIII(0.103) |
| LL | TypeIII(0.154) | TypeII(0.154) | Type0(0.077) | TypeI(0.026) |
| HL | TypeII(0.051) | TypeIII(0.077) | TypeI(0.077) | Type0(0.000) |

莫兰散点图保持在同一象限内，未发生跃迁（Tpye0）的概率为12.8%，即空间凝聚率 $C_t$=0.128，说明西北地区各城市的城市土地利用效率整体的空间凝聚

性相对较弱，动态性强，优化潜力较大，即通过相关措施优化西北地区各城市的城市土地利用效率空间发展格局的可行性高。

## 6.6 本章小结

本章在第5章的基础上，分析了西北地区城市土地利用效率的时空演进特征，将静态和动态、时间和空间相结合，详细地阐述了西北地区城市土地利用效率的差异特征、时序演进特征、空间关联特征和时空动态特征。

差异特征：本章用变异系数和泰尔指数描述了西北地区城市土地利用效率的差异特征，研究发现2004—2018年中国西北地区城市土地利用效率差异显著，差异先快速下降，后缓慢上升。从差异的来源来看，组间差异很小，组内差异占绝对支配地位，组内差异和组间差异对总体差异的贡献度在2004年分别为14.02%和85.98%，2018年为2.60%和97.4%。从分组的结果来看，资源型城市的城市土地利用效率的差异最大，省会中心城市次之，其他类城市最小。

时序演进特征：核密度曲线揭示出西北地区整体的城市土地利用效率存在两极分化的空间非均衡特征，集聚类型先低值聚集，后高值聚集。2004年、2009年、2013年核密度曲线无明显的拖尾，但是2018年出现了明显的右拖尾，说明2018年西北地区的城市土地利用效率存在"优者更优"的特征。省会中心城市、资源型城市和其他类城市的演进特征有较大差异。从马尔科夫链转移概率矩阵来看，西北地区的城市土地利用效率存在"俱乐部趋同"现象，2012年之后这一现象减弱。西北地区城市土地利用效率维持在低类型和高类型的概率最大，向上转移的概率大于向下转移的概率，而跳跃转移的概率较小。

空间关联特征：西北地区的城市土地利用效率具有较为显著的正向空间依赖性与空间聚集性，特别是2011年之后，西北地区某个城市的城市土地利用效率会对其邻近城市的城市土地利用效率产生显著的正向影响。从LISA聚类结果来看，西北地区城市土地利用效率的局部空间关联呈现"小聚集、大分散"的状态，2018年聚集地区向西北地区东南侧靠拢，"低低"聚集的城市仍然存在。

时空动态特征：本书进一步使用探索性时空数据分析（ESTDA）将时间维度和空间维度结合起来，揭示了西北地区城市土地利用效率的时空动态特征。从LISA时间路径长度来看，资源型城市土地利用效率拥有更加动态的局部空间结构，其他类城市次之，而省会中心城市空间结构较为稳定。从LISA时间路径弯曲度来看，陇南、延安和金昌的 LISA 时间路径弯曲度最大，这三个城市受到邻近地区的影响最强；酒泉、吴忠和呼伦贝尔受到邻近城市的影响最不明显。从 LISA 时空跃迁特征来看，西北地区城市土地利用效率的空间凝聚性相对较弱，动态性强，优化潜力较高，即通过相关措施优化西北地区各城市土地利用效率空间发展格局的可行性高。

# 第7章
# 中国西北地区城市土地利用效率的
# 影响因素分析

本章是本书的核心章节，将从理论与实证两个方面研究西北地区城市土地利用效率的影响因素。首先，从社会经济、政府作用、土地功能结构和市场引导四个方面构建西北地区城市土地利用效率影响因素的综合分析框架，厘清影响城市土地利用效率的各个具体因素，并逐一分析各个影响因素对城市土地利用效率的作用机理，奠定本章的理论基础；其次，根据本书所阐述的城市土地利用效率影响因素的理论分析框架，分别建立适合受限因变量的 Tobit 模型和考虑了各变量间空间溢出效应的空间计量模型，实证分析西北地区城市土地利用效率各个影响因素的作用方向和作用程度。

## 7.1 西北地区城市土地利用效率影响因素的作用机制分析

### 7.1.1 作用机制的综合分析框架

城市土地是城市社会经济活动的载体，城市土地利用效率是将人口、资本等生产要素投入到城市土地上，经过一系列的社会经济活动，获得最优的经济价值、社会价值和环境价值，并且产生最小的环境污染的过程。社会经济因素是城市土地利用效率的主要推动力，处在不同的社会经济发展水平的城市土地利用效率不同。一般来说，经济更发达、产业结构更高级、人口规模更大的城市，要素的集聚能力更高、科技进步更快、生产效率更高，进而土地的集约利用水平更高。此外，政府部门的作用也不容忽视，在以经济增长为基础的晋升锦标赛模式下，政府拥有巨大的行政权力和自由处置权（周黎安，2007）[149]。二元土地制度所带来的土地价差，为地方政府在城市扩张上提供了利益基础（李子联，2013）[113]，导致城市土地"摊大饼"式地向郊区蔓延，土地城镇化水平不断攀升。由于西北地区脆弱的生态环境，地方政府更是肩负着经济社会发展和生态环境保护的双重任务，在吸引外资和环境保护之间权衡。

城市土地的功能不同，其利用效率也有较大的差异（聂雷，2017）[132]。例如，用作交通建设的土地虽然不能创造直接的经济效益，但是却能在提高城市通达性、节省劳动力出行时间等方面发挥重要作用；用作工业发展的土地虽然会创造持续的经济价值，但是也带来了环境污染。此外，土地的市场化程度在土地配置中发挥着重要作用，政府划拨的土地远不如通过招标、拍卖、挂牌等市场出让方式提供的土地更有效率。土地市场化会通过供求、价格、竞争机制引导有限的土地资源得到更合理的配置。

鉴于以上分析，本书从社会经济、政府作用、土地功能结构和市场引导四个方面来综合考量西北地区城市土地利用效率的影响因素。其中：社会经济因素包括经济发展、产业结构和人口密度三个方面；政府作用医素包括土地城镇化、对外开放和环境规制三个方面；土地功能结构包括土地利用结构和交通设施两个方面；市场引导用土地市场化程度表示。西北地区城市土地利用效率影响因素的作用机制如图7-1所示。

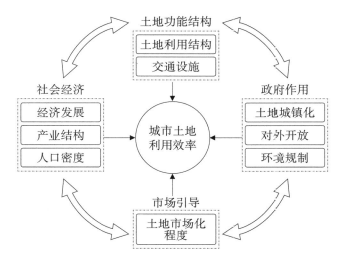

**图7-1　西北地区城市土地利用效率影响因素的作用机制图**

### 7.1.2 具体影响因素的作用机理分析

接下来将逐一分析经济发展水平、产业结构、人口密度、土地城镇化、对外开放、环境规制、土地利用结构、交通设施和土地市场化这9个影响因素对城市土地利用效率的作用机理。

#### 7.1.2.1 经济发展水平

经济发展水平的高低决定着单位土地面积上要素投入的多寡，进而影响到城市土地利用效率（樊鹏飞 等，2018）[26]。经济发展水平对城市土地利用效率的影响可以分为两个阶段：第一阶段，在经济发展水平较低时，地方政府注重经济产出，经济发展方式较为粗放，技术水平落后，资源利用效率低；同时，在低质量发展阶段，城市土地面积快速增加，城市边界不断向外扩展，城市用地占用耕地、林地等现象明显，土地利用低效；另外，在该阶段，重化工业企业发展迅速，工业"三废"排放增多，环境污染严重。此时，经济发展对城市土地利用效率产生抑制作用。第二阶段，随着经济发展水平的不断提升，技术水平不断进步，资源能源利用效率提高，环境污染物排放减少；同时，随着土地规模的约束，地方政府开始谨慎增加土地出让面积，不再单纯地扩大城市规模，而是增加对单位土地上人力、物力、财力的投入；另外，随着人们生活水平的提高，人们也会逐渐关注土地资源的生态效应。此时，经济发展水平的提高将会促进城市土地利用效率的提高。图7-2展示了经济发展水平对城市土地利用效率的作用机理。

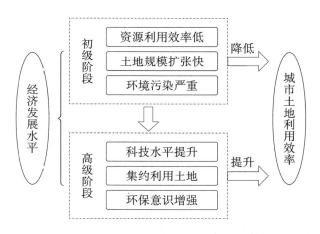

图7-2 经济发展水平对城市土地利用效率的作用机理图

### 7.1.2.2 产业结构

根据配弟—克拉克定理，随着社会经济的发展，产业结构会不断由低级阶段向高级阶段转移，由劳动力密集型产业不断向资本和技术密集型产业转移。产业的发展以土地为依托，不同的产业结构会对土地利用方式及土地配置效率产生影响（梁流涛 等，2017）[71]。现有研究一般认为产业结构升级有利于土地的集约利用（韩峰 等，2013[150]；Xie 等，2018[151]）。本研究认为产业结构升级对城市土地利用效率的作用表现在以下几个方面：第一，产业结构升级可以优化土地资源配置。不同产业的竞租能力不同，一些经济效益好的新兴行业可以承受更高的租金，而经济效益差的传统行业只能负担较少的租金，在价格机制的作用下，等级较高的产业获得市中心的土地使用权，而等级较低的产业获得郊区的土地使用权，最终实现土地资源的配置优化。第二，产业结构升级可以节约城市土地利用。与第三产业相比，第二产业的城市土地利用模式相对粗放，第三产业中的商业、服务业、金融业等行业用地面积少且更容易获得较高利润，产业结构升级可以促进节约城市土地利用。第三，产业结构升级可以提高土地的经济效益。产业结构升级提高了技术、知识和服务含量高的产业在经济结构中的份额，可促进先进设备和技术的应用，减少资源消耗，提高单位土地的效益（Quan 等，2006）[152]。第四，产业结构升级可以减少工业污染物排放。一般来说，工业污染物多产生于采矿业、制造业等第二产业，资本和技术密集的第三产业的污染物排放远小于第二产业，因此产业结构升级会降低污染物排放（岳立 等，2020）[153]，从而提升城市土地利用效率。产业结构升级对城市土地利用效率的作用机理如图7-3所示。

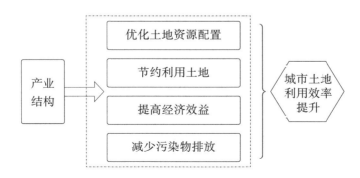

**图7-3 产业结构升级对城市土地利用效率的作用机理图**

### 7.1.2.3　人口密度

人口密度与城市土地的集约利用水平之间存在较强的正向关系（王家庭 等，2009）[154]。一方面，人口密度的增加会带动资本、技术、劳动力等要素向城市聚集，带来规模经济，促进经济技术效率的提升；另一方面，人口密度的增加促进了城市土地的充分开发，对容积率和建筑密度提出了更高的要求，这也有利于城市土地利用效率的提升。张志辉等（2014）[155]认为人口密度对城市土地利用效率的影响在不同地区及不同类型的城市间存在差异，当人口密度处于较低水平时，人口密度的增加会带来集聚效应，进而提升城市土地利用效率；然而当人口密度过高时，会带来拥堵效应，资源过度集聚，导致城市资源枯竭及生态环境破坏等问题，进而降低城市土地利用效率。现阶段西北地区城市人口少，人口密度低，西北地区可能处于人口密度提高带来集聚效应的阶段。

### 7.1.2.4　土地城镇化

土地城镇化是指非城镇用地向城镇用地转化的过程（杨洋 等，2015）[112]，中国特殊的城乡二元土地管理制度和财政分权制度导致了土地城镇化快速扩张（高金龙 等，2018[156]；Lin 等，2014[157]），通过土地城镇化产生的土地出让金是政府财政收入的重要来源之一（林勇 等，2014）[158]。土地城镇化进程对城市土地利用效率的抑制作用表现在两个方面：一方面，土地城镇化会使得城市建设用地快速扩张，导致土地闲置、土地利用不足的问题发生，造成土地资源浪费；另一方面，土地城镇化的加快会造成自然资源的可用性减小和废弃物排放的增多（胡碧霞 等，2018）[80]。西北地区土地城镇化的增速明显快于全国，2004—2018年，西北地区土地城镇化的平均增速为4.19%，而全国的平均增速仅为2.26%。西北地区本身生态环境脆弱，受到气候、地形及水土等自然条件的约束，适合城市建设的土地少，快速的土地城镇化进程对西北地区的生态环境和城市土地集约利用能力带来了挑战。

### 7.1.2.5　对外开放

对外开放是经济快速发展的重要驱动力，欠发达地区通过对外开放可以低成本、高效率地参与国际分工（李兰冰 等，2020）[159]。对外开放对城市土地利用效率的作用机理可以分为促进作用和抑制作用两方面。在促进作用方面，首先，引进外资为欠发达地区注入资本，欠发达地区会获得技术上的溢出效应（Sadik 等，2001）[160]，直接推动当地的经济发展和产业结构调整；其次，引进外资能够促使外资企业利用各地的比较优势在产业链中进行合理的分工，降低生产成本，促进经济的集约化发展（张英浩 等，2019）[161]；再次，外资企业还可以通过对本地企业的示范效应以及对要素的竞争效应促进经济和产业的发展，有利于城市土地利用效率的提升（Garrett 等，2013）[162]。然而，对外开放对城市土地利用效率的抑制作用也不容忽视：有些地方政府用廉价的土地吸引外资入驻，大面积修建工业园区，造成土地资源的浪费，不利于城市土地利用效率的提升；此外，"污染天堂假说"认为引进外资会带来发达国家的污染转移，对外资引入国的生态环境带来挑战（Copeland 等，2004）[163]，污染物排放增多会降低城市土地利用效率。对外开放对城市土地利用效率的作用机理如图7-4所示。西北地区经济发展水平落后，引进外资带来的技术溢出和示范效应会极大地促进该地区的社会经济发展，而西北地区本身生态环境脆弱，地方政府在引进外资时，也会重视外资的质量，避免成为发达国家的"污染天堂"。

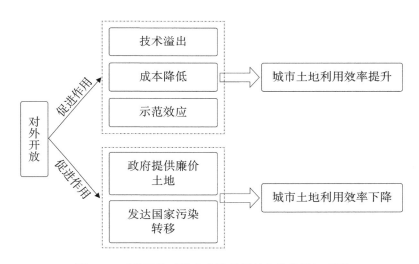

**图7-4　对外开放对城市土地利用效率的作用机理图**

### 7.1.2.6　环境规制

本书所研究的城市土地利用效率是经济效益、社会效益和环境效益的统一，是在传统的城市土地利用效率的基础上考虑了环境约束，环境污染物排放越少，城市土地利用效率越高（岳立 等，2020）[119]。环境规制是政府部门为了减少污染物排放而对社会经济活动采取的限制和约束措施，环境规制对城市土地利用效率的作用机理可以从以下几个方面来理解：第一，环境规制的成本效应。根据成本约束论的理解，提升环境规制标准会增加企业的治污成本，进而增加企业的生产成本，降低经济技术效率（Barbera等，1990）[164]，从而导致城市土地利用效率的下降。第二，环境规制的"创新补偿"效应。面对环境规制带来的成本加重，企业仅靠末端治理不能维持其长久的发展，会在环境规制的压力下开展改良技术工艺、加大科技投入等创新活动。根据"波特假说"理论，环境规制可以激励企业得到"创新补偿"，从而有利于技术效率的提升（Porter，1991）[165]。第三，环境规制可以减少污染物排放。迫于政府的环境规制压力，企业会在废弃物处理方面投入更多的资源，有利于减少污染物排放和环境保护（何爱平 等，2019）[166]，非期望产出的减少会促进城市土地利用效率的提高。环境规制对城市土地利用效率的作用机理如图7-5所示。环境规制对城市土地利用效率的最终作用效果会根据成本效应、"创新补偿"效应、减少污染物排放这三种效应的影响具体而定。西北地区经济、产业发展落后，技术水平低，企业通过加大投入获得"创新补偿"的可能性小，环境规制带来的成本增加可能会大于"创新补偿"。

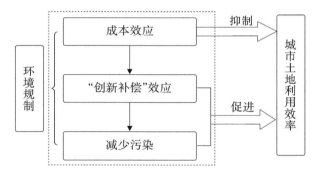

**图7-5 环境规制对城市土地利用效率的作用机理图**

### 7.1.2.7 土地利用结构

根据"结构—功能"理论，城市土地利用结构对城市土地功能的实现以及土地利用效率的提高有重要的影响（袁丽丽，2005）[167]。通过第4章的分析可知，居住用地、工业用地和设施用地在我国1990年和2011年实施的用地结构标准中的统计口径相差不大，而且这三种用地类型的面积之和占到西北地区全部建设用地面积的60%，其他各种用地类型的统计口径变化较大，而且占比较小。本书主要考察这三种用地类型对西北地区城市土地利用效率的影响，其作用机理如图7-6所示。工业用地可以产生直接的经济效益，增加城市土地利用的经济产出，但同时，工业用地的增加也伴随着工业环境污染物排放的增加，非期望产出的提升可能会降低西北地区城市土地利用效率。居住用地和设施用地表面来看不会对城市发展产生经济效益，但并不意味着它们对经济的发展没有贡献。土地投入的增加能否带来经济效益的增加，在一定程度上取决于其他要素的投入，而居住用地和设施用地为劳动力要素的投入提供了配套服务。居住用地占比和设施用地占比的提升会聚集劳动力，间接增加劳动要素投入，可能会提高城市土地利用效率。另外，地方政府同时面临来自其他政府的横向竞争，在土地制度安排下，倾向于更多地出让工业用地以获得持续税收收入，而为了获得更高的土地出让金也会限制居住用地的出让面积，这抬高了城镇化过程中的居住成本（张莉 等，2019）[168]。西北地区城市土地利用结构的变化对城市土地利用效率的影响需要根据三种主要用地类型的变化及相互作用进行具体分析。

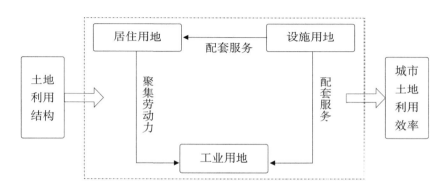

**图7-6　城市土地利用结构对城市土地利用效率的作用机理图**

### 7.1.2.8　交通设施

良好的交通基础设施可以吸引更多的要素资源，提供更为便利的发展环境，促进生产效率的提升（张雯熹 等，2020）[169]。交通设施对城市土地利用效率的作用机理如下：第一，发达的交通基础设施可以通过提高运输速度或者缩短运输距离来减少运输时间、降低油耗等交通运输成本，从而提高生产效率；第二，交通设施的改善会提高区域的可达性，提升土地的区位优势，带来经济聚集效应，由此可以获得更多的经济效益；第三，交通设施的改善会改变人们的出行方式，降低人们的出行成本，提升经济效率。图7-7展示了交通设施对城市土地利用效率的作用机理。

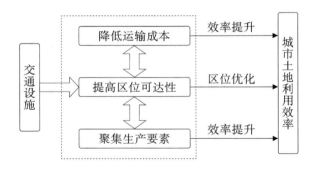

**图7-7 交通设施对城市土地利用效率的作用机理图**

### 7.1.2.9 土地市场化

资源的市场化程度会影响其利用效率，城市土地市场化程度也会对城市土地利用效率产生重要的影响（杨红梅 等，2011[170]；姬志恒 等，2020[171]）。张立新等（2017）[19]认为通过市场机制提高土地的配置水平可以显著提升城市土地利用效率。在市场的供求、价格、竞争等机制的作用下，土地市场化可以引导土地资源实现最优的配置数量和配置用途，从而达到城市土地资源配置的"帕累托"最优状态。然而在现实的土地市场中，"招、拍、挂"的土地出让方式多存在于经营性用地，而工业用地的供应多以划拨和协议出让为主，加强土地市场化建设是推进我国土地利用集约化的重要手段（吴郁玲 等，2007）[172]。

## 7.2 西北地区城市土地利用效率影响因素的实证分析

在本小节中，本书将结合上一小节所阐述的作用机制，对西北地区城市土地利用效率的影响因素进行实证检验。本书设计了适合受限因变量的Tobit模型和考虑了空间溢出效应的空间计量模型，对西北地区城市土地利用效率的影响因素进行实证分析，确保研究结果的全面性与可靠性。

### 7.2.1 基于Tobit模型的实证分析

#### 7.2.1.1 模型的设计

本书测算的西北地区城市土地利用效率大于0，属于受限因变量，用普通最小二乘（OLS）回归会导致估计结果存在偏差。美国经济学家James Tobin在1958年提出的Tobit模型可以很好地解决受限因变量问题[173]。因此，本书选择Tobit模型对西北地区城市土地利用效率的影响因素进行回归估计。Tobit 模型的公式如下：

$$Y_{it} = \begin{cases} Y_{it}^* = \beta_0 + \sum_{t=1}^{n} \beta_t x_{it} + \varepsilon_{it}, Y_{it}^* > 0 \\ 0, Y_{it}^* \leqslant 0 \end{cases} \tag{7-1}$$

公式 7-1 中，$Y_{it}$ 代表被解释变量，$x_{it}$ 代表解释变量，$\beta_0$ 代表常数项，$\beta_t$ 代表模型的估计系数；$t = 1,2,\cdots,n$，$n$ 为解释变量的个数；$\varepsilon_{it}$ 代表随机误差扰动项，且 $\varepsilon_{it} \sim (0,\sigma^2)$。

### 7.2.1.2　指标的选取和数据来源

Tobit 模型的被解释变量为本书第 5 章测算得到的西北地区 39 个城市的城市土地利用效率。根据上一小节对城市土地利用效率影响因素的作用机制分析，本文的解释变量共有 9 个，分别为经济发展水平、产业结构、人口密度、土地城镇化、对外开放、环境规制、土地利用结构、交通设施和土地市场化。各个解释变量的指标选取如下。

（1）经济发展水平。借鉴 Xie 等（2019）[151]、Cao 等（2019）[20]和卢新海等（2018）[53]的研究，本书用人均生产总值来代表经济发展水平，根据上一小节中所阐述的作用机理，经济发展水平与城市土地利用效率之间可能存在"库兹涅茨"曲线效应，故加入了经济发展水平的二次项，为了消除异方差的影响对其进行了对数化处理。

（2）产业结构。借鉴梁流涛等（2017）[71]、狄乾斌等（2016）[174]的做法，用第三产业总产值与第二产业总产值之比来表征产业结构，该比值越大，代表产业结构越优。

（3）人口密度。人口密度用市辖区单位面积的人口数来衡量，数据来自 EPS 数据库，个别缺失值用插值法做了补充。

（4）土地城镇化。借鉴陈伟等（2014）[175]、卢新海等（2019）[176]的研究，本书用市辖区建设用地面积与城市总面积的比值来衡量土地城镇化水平，比值越大，土地城镇化水平越高。

（5）对外开放。参照岳立等（2020）[153]的研究，本书选用城市的实际利用外资额来衡量对外开放水平，引进的外资数量越多，代表对外开放水平越高。

（6）环境规制。借鉴 Bai 等（2018）[177]的研究，本书选用城市污水处理厂集中处理率来表征环境规制水平。

（7）土地利用结构。我国于1990年和2011年实施的两个用地结构标准中，居住用地和工业用地的统计口径几乎一致，1990年标准中的公共设施用地是2011年标准中公共管理与公共服务设施用地和商业服务设施用地的合计，其他各种用地类型的统计口径变化较大，而且在西北地区建设用地面积中的占比较小。为了保持研究数据的连续性与可比性，本书借鉴聂雷等（2019）[117]的做法，研究土地利用结构中的居住用地占比、工业用地占比和设施用地占比对城市土地利用效率的影响。

（8）交通设施。本书借鉴王良健等（2015）[33]、詹国辉（2018）[29]的研究，选取人均道路面积作为交通基础设施的代理变量。为了消除异方差的影响，本书对数据进行了对数化处理。

（9）土地市场化。本书借鉴罗能生等（2016）[47]的研究，用土地市场化指数来表征土地市场化程度，该指数用所有土地供应方式取得的实际价款总和与假如所有土地全部按照"招、拍、挂"出让方式来供应所能取得的价款之比表示。具体计算过程如公式7-2所示：

$$Marketize = \frac{ZPGincome + XYincome + ZLincome + QTincome}{P \times (HBarea + ZPGarea + XYarea + ZLarea + QTarea)} \quad (7\text{-}2)$$

上式中，$Marketize$ 为土地市场化指数，分子上的 $ZPGincome$、$XYincome$、$ZLincome$、$QTincome$ 分别表示通过"招、拍、挂"出让、协议出让、租赁和其他供应方式获得的土地价款，分母上的 P 表示"招、拍、挂"出让的平均土地价格，$HBarea$、$ZPGarea$、$XYarea$、$ZLarea$、$QTarea$ 分别表示通过划拨、"招、拍、挂"出让、协议出让、租赁和其他土地供应方式所供应的土地面积。

本文将西北地区城市土地利用效率的各个影响因素的具体指标代码、统计口径及数据来源总结至表7-1。

表7-1　西北地区城市土地利用效率影响因素的指标说明及其数据来源

| 影响因素 | 指标名称 | 指标代码 | 数据来源 | 数据说明 |
| --- | --- | --- | --- | --- |
| 经济发展水平 | 人均GDP | $\ln pgdp$ 与 $(\ln pgdp)^2$ | 中国城市统计年鉴 | 市辖区统计口径 |
| 产业结构 | 第三、二产业总产值之比 | $is$ | 中国城市统计年鉴 | 市辖区统计口径 |
| 人口密度 | 人口规模 | $density$ | EPS数据库 | 市辖区统计口径 |

| 影响因素 | 指标名称 | 指标代码 | 数据来源 | 数据说明 |
|---|---|---|---|---|
| 土地城镇化 | 土地城镇化率 | *landurb* | 中国城市建设统计年鉴 | 城市建设用地面积与城市面积的比值 |
| 对外开放 | 实际利用外资额 | *fdi* | 中国城市统计年鉴 | 市辖区统计口径 |
| 环境规制 | 污水处理厂集中处理率 | *er* | 中国城市统计年鉴 | 用全市口径的污水处理厂集中处理率来近似代替市辖区的污水处理厂集中处理率 |
| 土地利用结构 | 居住用地占比 | *residential* | 中国城市建设统计年鉴 | 市辖区居住用地面积占城市建设用地面积的比重 |
| | 工业用地占比 | *industrial* | 中国城市建设统计年鉴 | 市辖区工业用地面积占城市建设用地面积的比重 |
| | 设施用地占比 | *facility* | 中国城市建设统计年鉴 | 2004—2011年为市辖区公共设施用地占城市建设用地面积的比重,2012—2018年为市辖区公共管理与公共服务设施用地和商业服务设施用地的面积之和占城市建设用地面积的比重 |
| 交通设施 | 人均道路面积 | lnroad | EPS数据库 | 市辖区统计口径 |
| 土地市场化 | 土地市场化指数 | *marketize* | 中国国土资源统计年鉴 | 按照公式7-2计算而得 |

需要说明的是，由于本书研究的城市土地为狭义的市辖区土地，在第5章的效率测算阶段，选用的城市土地利用效率的投入、产出指标均为市辖区统计口径或者折算为市辖区统计口径，在选择影响因素的表征指标时，本书仍然尽量选择市辖区统计口径的指标。而在选择环境规制指标时，各个年鉴及数据库中能够表征环境规制的指标均没有统计到市辖区口径，根据Bai等（2018）[177]的研究成果，本书选用城市污水处理厂集中处理率来表征环境规制水平，但是该指标只是统计到全市口径，而且该指标为相对比率指标，不能用市辖区工业总产值占全市工业总产值的比重来近似折算，故本书用全市口径的污水处理厂集中处理率来近

似代替市辖区统计口径的污水处理厂集中处理率。

2004—2018年，西北地区39个城市土地利用效率各个影响因素指标的描述性统计结果如表7-2所示。

表7-2　2004—2018年西北地区城市土地利用效率各影响因素的描述性统计

| 指标名称 | 单位 | 观测数 | 均值 | 标准差 | 最小值 | 最大值 |
|---|---|---|---|---|---|---|
| 人均GDP | 元 | 585 | 44961.850 | 37407.540 | 1847.000 | 326030.000 |
| 第三、二产业总产值之比 | — | 585 | 1.177 | 0.792 | 0.094 | 5.634 |
| 人口规模 | 人／平方公里 | 585 | 4497.000 | 3246.000 | 72.000 | 14161.000 |
| 土地城镇化率 | % | 585 | 3.727 | 4.332 | 0.194 | 19.737 |
| 实际利用外资额 | 亿美元 | 585 | 1.047 | 5.005 | 0.000 | 63.259 |
| 污水处理厂集中处理率 | % | 585 | 73.239 | 23.174 | 1.000 | 100.000 |
| 居住用地占比 | % | 585 | 32.992 | 11.827 | 11.663 | 70.549 |
| 工业用地占比 | % | 585 | 14.490 | 9.128 | 0.627 | 50.593 |
| 设施用地占比 | % | 585 | 14.400 | 5.789 | 0.000 | 48.711 |
| 人均道路面积 | 平方米 | 585 | 15.098 | 8.134 | 1.420 | 60.070 |
| 土地市场化指数 | — | 585 | 0.478 | 0.229 | 0.018 | 1.366 |

### 7.2.1.3　实证结果分析

（1）总体回归结果

在进行实证分析时，各变量之间可能会存在多重共线性，需要在回归之前进行多重共线性检验。如果VIF大于3，说明各个变量之间存在一定程度的多重共线性；如果VIF大于10，则说明各变量间存在严重的多重共线性。本书利用Stata15.0软件对选取的西北地区城市土地利用效率的影响因素进行了多重共线性检验，结果显示各个变量的VIF的最大值为2.04，VIF的均值为1.48，说明本书选取的各个变量的共线性程度在合理范围之内，无须担心多重共线性问题。本书采用逐步回归法，将西北地区城市土地利用效率的各个影响因素依次放入模型中进行Tobit回归估计，详细结果如表7-3所示。

表7-3 西北地区城市土地利用效率影响因素的Tobit回归结果

| 变量名称 | | 模型(1) | 模型(2) | 模型(3) | 模型(4) | 模型(5) | 模型(6) | 模型(7) | 模型(8) | 模型(9) |
|---|---|---|---|---|---|---|---|---|---|---|
| lnpgdp | | -1.244*** | -1.249*** | -1.276*** | -1.399*** | -1.328*** | -1.361*** | -1.390*** | -1.395*** | -1.391*** |
| | | (-6.13) | (-6.21) | (-6.33) | (-6.84) | (-6.47) | (-6.66) | (-6.99) | (-7.03) | (-7.00) |
| $(\ln pgdp)^2$ | | 0.0673*** | 0.0672*** | 0.0682*** | 0.0745*** | 0.0708*** | 0.0737*** | 0.0757*** | 0.0752*** | 0.0751*** |
| | | (6.72) | (6.77) | (6.87) | (7.38) | (6.98) | (7.26) | (7.64) | (7.62) | (7.60) |
| is | | | 0.0755*** | 0.0743*** | 0.0867*** | 0.0811*** | 0.0916*** | 0.0834*** | 0.0811*** | 0.0813*** |
| | | | (3.83) | (3.77) | (4.42) | (4.11) | (4.59) | (4.34) | (4.20) | (4.21) |
| density | | | | 0.0193*** | 0.0201* | 0.0194* | 0.0200* | 0.0242** | 0.0218** | 0.0218** |
| | | | | (1.71) | (1.80) | (1.74) | (1.80) | (2.21) | (1.98) | (1.98) |
| landurb | | | | | -0.0114*** | -0.0129*** | -0.0139*** | -0.0119*** | -0.0120*** | -0.0121*** |
| | | | | | (-2.78) | (-3.07) | (-3.29) | (-2.89) | (-2.94) | (-2.95) |
| fdi | | | | | | 0.00698*** | 0.00711*** | 0.00567** | 0.00557** | 0.00556** |
| | | | | | | (2.73) | (2.79) | (2.31) | (2.28) | (2.28) |
| er | | | | | | | -0.00124** | -0.00127** | -0.00143*** | -0.00143*** |
| | | | | | | | (-2.40) | (-2.51) | (-2.79) | (-2.79) |

续表7-3

| 变量名称 | 模型(1) | 模型(2) | 模型(3) | 模型(4) | 模型(5) | 模型(6) | 模型(7) | 模型(8) | 模型(9) |
|---|---|---|---|---|---|---|---|---|---|
| residential | | | | | | | 0.000879 | 0.00105 | 0.00104 |
| | | | | | | | (0.72) | (0.86) | (0.85) |
| industrial | | | | | | | -0.0050*** | -0.00504*** | -0.00505*** |
| | | | | | | | (-3.10) | (-3.15) | (-3.16) |
| facility | | | | | | | -0.0093*** | -0.00972*** | -0.00968*** |
| | | | | | | | (-4.77) | (-4.97) | (-4.93) |
| lnroad | | | | | | | | 0.0518* | 0.0514* |
| | | | | | | | | (1.90) | (1.88) |
| marketize | | | | | | | | | 0.00896 |
| | | | | | | | | | (0.24) |
| _cons | 6.197*** | 6.179*** | 6.189*** | 6.808*** | 6.486*** | 6.583*** | 6.826*** | 6.819*** | 6.796*** |
| | (6.04) | (6.07) | (6.09) | (6.60) | (6.28) | (6.41) | (6.82) | (6.85) | (6.79) |
| sigma_u | 0.180*** | 0.150*** | 0.147*** | 0.129*** | 0.135*** | 0.138*** | 0.127*** | 0.127*** | 0.127*** |
| | (7.91) | (7.31) | (7.25) | (6.82) | (6.90) | (6.98) | (6.79) | (6.87) | (6.88) |

续表7-3

| 变量名称 | 模型(1) | 模型(2) | 模型(3) | 模型(4) | 模型(5) | 模型(6) | 模型(7) | 模型(8) | 模型(9) |
|---|---|---|---|---|---|---|---|---|---|
| $sigma\_e$ | 0.197*** | 0.197*** | 0.197*** | 0.197*** | 0.195*** | 0.194*** | 0.189*** | 0.189*** | 0.189*** |
| | (32.97) | (32.85) | (32.83) | (32.75) | (32.75) | (32.76) | (32.72) | (32.75) | (32.75) |
| Wald chi2 | 111.38 | 129.09 | 133.01 | 143.71 | 152.18 | 158.50 | 204.19 | 209.01 | 209.08 |
| Loglikelihood | 68.3346 | 75.2433 | 76.6962 | 80.2612 | 84.0078 | 86.8776 | 103.7621 | 105.5748 | 105.6038 |
| LR检验(P) | 0.0000 | 0.0000 | 0.0000 | 0.0000 | 0.0000 | 0.0000 | 0.0000 | 0.0000 | 0.0000 |
| N | 585 | 585 | 585 | 585 | 585 | 585 | 585 | 585 | 585 |

注：括号内的数字为T统计量，*、**、*** 分别为在10%、5%、1%的水平上显著。

Tobit模型应该使用随机效应还是混合效应，可以通过LR检验来确定。表7-3中，9个模型的LR检验的P值均为0.0000，故本书选择随机效应的Tobit模型进行回归估计。模型（1）为只放入经济发展水平及其二次项的回归结果，模型（2）—（9）分别为依次逐步加入产业结构、土地城镇化、人口密度、对外开放、环境规制、土地利用结构、交通设施和土地市场化等影响因素的回归结果。在逐步加入各个影响因素后，模型的似然函数值逐步增大，回归结果也都比较好，各个变量系数的正负性及显著性较为稳定。本书以包含所有解释变量的模型（9）的回归结果进行详细分析。

①经济发展水平［（lnpgdp 和（lnpgdp）²］。经济发展水平的一次项系数为负，二次项系数为正，且均通过了1%的显著性水平检验，说明西北地区的经济发展水平与城市土地利用效率之间存在先降后升的"U"形曲线关系，这也验证了本书所阐述的作用机理。匡兵等（2018）[69]以湖北省12个地级市为研究对象，也得出了与本书一致的观点，即经济发展与城市土地利用效率之间存在"库兹涅茨"曲线效应。当经济发展水平较低时，经济发展以粗放式发展模式为主，随着经济发展水平的提升，城市土地利用效率逐渐降低；当经济发展水平较高时，经济发展模式会逐渐从粗放式向集约式转变，从而逐步提升城市土地利用效率。

②产业结构（is）。产业结构的系数为正，且通过了1%的显著性水平检验，这说明产业结构升级可以促进西北地区城市土地利用效率的提升。这符合经济现象的一般规律，而且验证了本书所提出的作用机理。梁流涛等（2017）[71]和韩峰等（2013）[150]学者们也认为产业结构升级可以促进城市土地的集约利用。产业结构升级可以优化土地资源配置、节约利用城市土地、提高土地经济效益、减少污染物排放，从而提升城市土地利用效率。但是，现阶段中国西北地区的城市中资源型城市较多，现代服务业和新兴产业的发展仍然落后，第二产业仍然处于主要地位，这削弱了产业结构升级对城市土地利用效率的提升作用。

③人口密度（density）。人口密度的回归系数为正值，且通过了5%的显著性水平检验，这说明人口密度的增加可以提升西北地区的城市土地利用效率，这与胡银根等（2016）[178]的研究结论一致。人口密度的增加会形成集聚效应，带来规模经济，并且促进对城市土地的充分开发，这有利于城市土地利用效率的提升。西北地区地广人稀，城市人口密度低，现阶段提升西北地区的城市人口密度是促进该地区城市土地利用效率提高的有效手段。

④土地城镇化（landurb）。土地城镇化的系数为-0.0121，且通过了1%的显

著性水平检验，这说明西北地区土地城镇化水平的提升会显著抑制城市土地利用效率的提高，这与陈伟和吴群（2014）[175] 的观点一致，同时也验证了本书所提出的作用机理。过快的土地城镇化会造成土地资源浪费和环境污染加剧，从而会降低城市土地利用效率。中国西北地区生态环境脆弱，适合城市建设的土地少，更应该控制土地出让速度，使土地城镇化进程与西北地区各城市的人口规模、产业发展情况相适应。

⑤对外开放（fdi）。对外开放的系数为正，且通过了5%的显著性水平检验，这说明引进外资可以显著促进西北地区城市土地利用效率的提升，这一结论与朱孟珏等（2017）[54] 的研究一致。现阶段，西北地区引进外资带来的技术溢出、降低成本、示范效应等正面作用大于污染转移等负面作用。进一步扩大对外开放能够加强资本、技术等生产要素的空间流动，提升区域的整合和分工水平，增强土地的使用强度。当前，为应对中国崛起，美国等西方发达国家进行了贸易保护与技术封锁（李兰冰 等，2020）[159]，以"一带一路"倡议为标志的向西开放被赋予了新的政策机遇，西北地区要抓住机会，进一步提高对外开放水平，积极引进外资，在产业链的全球分工中占据一席之地。

⑥环境规制（er）。环境规制的系数为负，且通过了1%的显著性水平检验，这说明"波特假说"在西北地区不存在，现行环境规制水平对经济技术效率起到了负面影响，这与Hao等（2018）[179] 的研究结论一致。西北地区的经济发展水平低，企业为了改善环境污染、实现技术创新而进行长远投资的可能性较低，企业通过环境规制获得的"创新补偿"小于其所增加的成本，环境规制水平的提升反而会降低西北地区的城市土地利用效率。

⑦土地利用结构（residential、industrial、facility）。居住用地占比的系数为正值，但是不显著，这说明就西北地区而言，居住用地占建设用地的比例提升会对城市土地利用效率产生正向影响，但是这种正向影响不明显，这与聂雷等（2019）[117] 的研究结论一致。工业用地占比的系数为负，且通过了1%的显著性水平检验，这说明工业用地占建设用地的比例提升会对西北地区城市土地利用效率产生显著的抑制作用。工业用地供给增加虽然能提高土地的经济产出，但是也带来了更多的环境污染，不利于城市土地利用效率的提升。设施用地占比的系数在1%的水平上显著为负，说明设施用地占建设用地的比例提升会降低城市土地利用效率。原因可能在于设施用地的单位产出效益较低，期望产出减少，从而效率水平降低。

⑧交通设施（*lnroad*）。交通设施的系数显著为正，这说明交通设施的完善可以显著促进城市土地利用效率的提升，这与 Wu 等（2017）[62]的研究结论一致，同时也验证了本书所提出的作用机理。交通设施的完善会提高城市的交通可达性，缩短人力、物力等要素流动的时空距离（田柳 等，2017）[56]，使城市规模扩张和经济结构升级有了更为广阔的发展空间（刘秉镰 等，2010[180]，狄乾斌 等，2016[174]），为城市土地利用效率的提升提供了有效的物质支撑。

⑨土地市场化（*marketize*）。土地市场化指数的回归系数为正，但是没有通过显著性水平检验，说明西北地区的土地市场化水平对城市土地利用效率的影响不明显。原因可能在于西北地区的土地供应的市场化水平较低，土地市场的供求、价格、竞争机制不完善，土地供应的市场化水平对西北地区城市土地利用效率的作用力度有限。

（2）不同类型城市的回归结果

为了考察西北地区不同类型城市的城市土地利用效率影响因素的差异，本书按照省会中心城市、资源型城市和其他类城市分别做 Tobit 回归估计。作者在回归前做了这三类城市的多重共线性检验，其中省会中心城市 VIF 的最大值为4.26，均值为2.47；资源型城市 VIF 的最大值为3.13，均值为1.88；其他类城市 VIF 的最大值为2.82，均值为1.59；三类城市的 VIF 均小于10，故不必担心多重共线性问题。根据 LR 检验结果，省会中心城市应该采用混合 Tobit 模型进行回归，而资源型城市和其他类城市应选用随机效应的 Tobit 模型进行回归，回归结果如表7-4所示。

表7-4　西北地区不同类型城市的城市土地利用效率影响因素的回归结果

| 变量名称 | 省会中心城市 | 资源型城市 | 其他类城市 |
|---|---|---|---|
| | 模型（10） | 模型（11） | 模型（12） |
| $\ln pgdp$ | −2.725** | −1.796*** | −0.0059 |
| | （−2.40） | （−6.61） | （−0.01） |
| $(\ln pgdp)^2$ | 0.139*** | 0.0957*** | 0.00176 |
| | （2.58） | （7.18） | （0.08） |
| $is$ | 0.0994*** | 0.105*** | 0.0207 |
| | （2.70） | （4.07） | （0.51） |

续表7-4

| 变量名称 | 省会中心城市 | 资源型城市 | 其他类城市 |
|---|---|---|---|
| | 模型（10） | 模型（11） | 模型（12） |
| *density* | 0.0545*** | 0.00103 | 0.00144 |
| | （3.13） | （0.06） | （0.08） |
| *landurb* | −0.0255*** | −0.0146 | −0.00206 |
| | （−5.70） | （−1.63） | （−0.29） |
| *fdi* | 0.00587*** | 0.0215** | −0.00382 |
| | （3.56） | （2.03） | （−0.06） |
| *er* | 0.00137 | −0.00127* | −0.00164** |
| | （0.85） | （−1.77） | （−2.05） |
| *residential* | 0.00554* | 0.00182 | −0.00269 |
| | （1.67） | （1.10） | （−1.20） |
| *industrial* | 0.00169 | −0.00369 | −0.00850*** |
| | （0.36） | （−1.63） | （−3.24） |
| *facility* | −0.00401 | −0.00890*** | −0.0119*** |
| | （−1.08） | （−3.14） | （−3.53） |
| ln*road* | −0.114* | −0.0211 | 0.171*** |
| | （−1.75） | （−0.53） | （3.37） |
| *marketize* | 0.0577 | 0.00615 | 0.00691 |
| | （0.76） | （0.12） | （0.11） |
| _cons | 13.30** | 8.993*** | 0.492 |
| | （2.20） | （6.48） | （0.23） |
| *sigma_u* | | 0.116*** | 0.132*** |
| | | （4.57） | （3.92） |
| *sigma_e* | | 0.185*** | 0.188*** |
| | | （23.34） | （18.87） |

**续表 7-4**

| 变量名称 | 省会中心城市 | 资源型城市 | 其他类城市 |
|---|---|---|---|
| | 模型（10） | 模型（11） | 模型（12） |
| *var*（e.ulue） | 0.0214*** | | |
| | （6.71） | | |
| Wald chi2 | 225.64 | 149.74 | 37.50 |
| Loglikelihood | 45.2694 | 61.0455 | 35.4644 |
| LR 检验（P） | 1.0000 | 0.0000 | 0.0002 |
| N | 90 | 300 | 195 |

注：括号内的数字为 T 统计量，*、**、*** 分别为在 10%、5%、1% 的水平上显著。

模型（10）—（12）分别展示了省会中心城市、资源型城市和其他类城市的城市土地利用效率影响因素的 Tobit 回归结果，具体而言：

①经济发展水平［（ln*pgdp* 和（ln*pgdp*）²］。省会中心城市和资源型城市的经济发展水平回归结果中，一次项系数显著为负，二次项系数显著为正，说明经济发展水平与城市土地利用效率的"库兹涅茨"曲线关系在这两类城市均存在，这与西北地区整体回归结果一致。其他类城市经济发展水平回归系数的正负性与西北地区整体回归结果一致，但不显著，说明在该类城市中，经济发展水平对城市土地利用效率的影响有限。

②产业结构（*is*）。省会中心城市和资源型城市的产业结构升级对城市土地利用效率有显著的促进作用，这与西北地区整体的回归结果一致，而其他类城市的回归系数不显著，原因可能是其他类城市经济发展水平低、产业结构水平低，产业结构升级对城市土地利用效率的影响不大。

③人口密度（*density*）。省会中心城市的人口密度对城市土地利用效率有显著的促进作用，这与西北地区整体的回归结果一致，而资源型城市和其他类城市的回归结果不显著，原因可能在于资源型城市和其他类城市的人口密度处于较低水平，人口密度提高带来的聚集效应不明显，对城市土地利用效率的影响不显著。

④土地城镇化（*landurb*）。省会中心城市的土地城镇化水平对城市土地利用效率有显著的抑制作用，而资源型城市和其他类城市的影响不显著，原因可能是

相比资源型城市和其他类城市，省会中心城市的土地城镇化过快问题更为严重，对城市土地利用效率的负面影响更为显著。

⑤对外开放（*fdi*）。省会中心城市和资源型城市的对外开放水平对城市土地利用效率有显著的促进作用，而其他类城市的对外开放系数不显著，其他类城市的外资吸引力低，外资利用对城市土地利用效率的作用力度弱。

⑥环境规制（*er*）。资源型城市和其他类城市的环境规制水平的系数均显著为负，这与西北地区整体的回归结果一致，而省会中心城市环境规制的系数为正，但是不显著，这说明资源型城市和其他类城市的环境规制水平对城市土地利用效率起到了显著的抑制作用，而省会中心城市的环境规制对城市土地利用效率的作用不明显。

⑦土地利用结构（*residential*、*industrial*、*facility*）。省会中心城市的居住用地占比提升会对城市土地利用效率有显著的促进作用，工业用地占比和设施用地占比的影响不明显；资源型城市的设施用地占比对城市土地利用效率有显著的抑制作用，而居住用地占比和工业用地占比的影响不明显；其他类城市工业用地占比和设施用地占比对城市土地利用效率有显著的抑制作用，而居住用地占比的影响不显著。

⑧交通设施（*lnroad*）。其他类城市的交通设施的回归系数在1%的显著性水平上为正，与西北地区整体的回归结果一致；省会中心城市的回归系数在10%的水平上显著为负，资源型城市的回归系数不显著。原因可能在于本书用学术界常用的人均道路面积来表征交通设施水平，而省会中心城市的轨道交通较为发达。限于数据的可得性，本书在表征交通设施时没有考虑地铁、高铁等轨道交通设施。如果将轨道交通的相关指标量化并入交通设施的影响因素，省会中心城市的回归系数可能会由负转正。

⑨土地市场化（*marketize*）。三种类型城市的土地市场化指数的回归系数均未通过显著性检验，这与西北地区整体的回归结果一致，说明西北地区的土地市场化水平较低，对城市土地利用效率没有统计意义上的显著影响。

#### 7.2.1.4 稳健性检验

在衡量土地的市场化水平时，也有部分学者用"招、拍、挂"方式出让地块宗数占总的建设用地供应地块宗数的比例来表示（叶艳妹 等，2006[181]；王青 等，2007[182]），为了考察回归结果的稳健性，本书用"招、拍、挂"方式出让地块宗数占全部建设用地供应宗数的比例来代替土地市场化指数指标，其他指标保持不变，重新对西北地区整体和三种不同类型城市的城市土地利用效率的影响因素进行Tobit回归估计。根据LR的检验结果，西北地区整体、资源型城市和其他类城市采用随机效应的Tobit模型进行回归，省会中心城市采用混合Tobit模型进行回归，详细结果如表7-5所示。可以看出，模型（13）—（16）中各变量的估计系数除了个别显著性水平发生了变化外，与前文基本一致，得到的基本结论仍然与前文类似。整体而言，可认为回归结果具有稳健性。

表7-5　Tobit模型回归结果的稳健性检验

| 变量名称 | 西北地区整体 | 省会中心城市 | 资源型城市 | 其他类城市 |
|---|---|---|---|---|
| | 模型(13) | 模型(14) | 模型(15) | 模型(16) |
| $\ln pgdp$ | −1.381*** | −2.754** | −1.778*** | −0.0041 |
| | (−6.92) | (−2.40) | (−6.53) | (−0.01) |
| $(\ln pgdp)^2$ | 0.0745*** | 0.140** | 0.0949*** | 0.00164 |
| | (7.50) | (2.57) | (7.09) | (0.07) |
| $is$ | 0.0815*** | 0.103*** | 0.104*** | 0.0213 |
| | (4.23) | (2.79) | (4.02) | (0.52) |
| $density$ | 0.0220** | 0.0537*** | 0.000498 | 0.00144 |
| | (2.00) | (3.05) | (0.03) | (0.08) |
| $landurb$ | −0.0121*** | −0.0254*** | −0.0154* | −0.00189 |
| | (−2.96) | (−5.60) | (−1.70) | (−0.27) |
| $fdi$ | 0.00554** | 0.0059*** | 0.0218** | −0.00441 |
| | (2.27) | (3.54) | (2.06) | (−0.06) |
| $er$ | −0.00147*** | 0.00135 | −0.00139* | −0.00165** |
| | (−2.85) | (0.84) | (−1.89) | (−2.06) |
| $residential$ | 0.00106 | 0.00547 | 0.00183 | −0.00269 |
| | (0.88) | (1.64) | (1.11) | (−1.20) |
| $industrial$ | −0.00500*** | 0.00190 | −0.00364 | −0.00850*** |
| | (−3.13) | (0.40) | (−1.61) | (−3.24) |
| $facility$ | −0.00971*** | −0.00416 | −0.00898*** | −0.0120*** |

续表7-5

| 变量名称 | 西北地区整体 模型(13) | 省会中心城市 模型(14) | 资源型城市 模型(15) | 其他类城市 模型(16) |
|---|---|---|---|---|
| | (−4.96) | (−1.12) | (−3.17) | (−3.58) |
| lnroad | 0.0502* | −0.111 | −0.0234 | 0.171*** |
| | (1.84) | (−1.62) | (−0.58) | (3.37) |
| marketize | 0.0304 | 0.0130 | 0.0481 | 0.0109 |
| | (0.62) | (0.11) | (0.75) | (0.13) |
| _cons | 6.744*** | 13.48** | 8.910*** | 0.485 |
| | (6.72) | (2.20) | (6.40) | (0.23) |
| sigma_u | 0.127*** | | 0.117*** | 0.132*** |
| | (6.89) | | (4.66) | (3.91) |
| sigma_e | 0.189*** | | 0.185*** | 0.188*** |
| | (32.76) | | (23.38) | (18.87) |
| var(e.ulue) | | 0.0215*** | | |
| | | (6.71) | | |
| Wald chi2 | 209.63 | 223.68 | 150.56 | 37.51 |
| Loglikelihood | 105.7695 | 44.9897 | 61.3161 | 35.4662 |
| LR检验(P) | 0.000 | 1.0000 | 0.000 | 0.000 |
| N | 585 | 90 | 300 | 195 |

注：括号内的数字为T统计量，*、**、***分别为在10%、5%、1%的水平上显著。

## 7.2.2　基于空间计量模型的实证分析

本书第6章已经用莫兰指数分析了西北地区城市土地利用效率的空间相关性，发现西北地区的城市土地利用效率具有一定的空间相关性，特别是2011年之后，空间相关性进一步加强。接下来，本书将构建空间计量模型，对影响西北地区城市土地利用效率的因素及其溢出效应进行实证分析。

### 7.2.2.1 模型的设计

与传统的面板模型相比，空间计量模型把变量之间的空间效应纳入模型中，是计量经济学中较为前沿的方法（Elhorst，2012）[183]。当前，空间计量模型种类较多，但是常用的模型有三个：空间杜宾模型（Spatial Durbin model，SDM）、空间自相关模型（Spatial Autocorrelation Model，SAR）和空间误差模型（Spatial Error Model，SEM）。

如果模型中既存在被解释变量的空间效应，又存在误差项的空间交互效应，则此时应该构建空间杜宾模型（Hao 等，2016）[184]，公式如下：

$$Y_{it} = \rho \sum_{j=1}^{n} W_{ij} Y_{it} + \sum_{q=1}^{m} \beta_{iq} X_{it} + \sum_{j=1}^{n} W_{ij} X_{it} \theta + u_i + \delta_t + \varepsilon_{it} \qquad (7-3)$$

当被解释变量的空间依赖性对模型显得特别重要，而导致了空间相关时，公式（7-3）中的 $\theta=0$，则空间杜宾模型可以退化成空间自相关模型（Belotti 等，2017）[185]，也有学者（刘秉镰 等，2010）[180]将空间自相关模型称为空间滞后模型（Spatial Lag Model，SLM），这两个模型实质为同一个模型，空间自相关模型的公式如下：

$$Y_{it} = \rho \sum_{j=1}^{n} W_{ij} Y_{it} + \sum_{q=1}^{m} \beta_{iq} X_{it} + u_i + \delta_t + \varepsilon_{it} \qquad (7-4)$$

当模型仅在误差项上存在空间相关时，也就是说模型的空间效应主要是以误差滞后的形式存在于模型中，则公式（7-3）中的 $\rho=0$，此时空间杜宾模型可以退化成空间误差模型（Sun 等，2014）[186]，空间误差模型的公式如下：

$$Y_{it} = \sum_{q=1}^{m} \beta_{iq} X_{it} + u_i + \delta_t + \varepsilon_{it}$$
$$\varepsilon_{it} = \lambda \sum_{j=1}^{n} W_{ij} \varepsilon_{it} + \nu_{it} \qquad (7-5)$$

在上述公式中，$Y_{it}$ 为被解释变量，代表西北地区第 $i$ 个城市第 $t$ 期的城市土地利用效率。$X_{it}$ 为各个影响因素的向量，$\rho$ 为空间自回归系数，表示本地的城市土地利用效率受邻近地区影响的程度，$W_{ij}$ 为空间权重矩阵，$\beta_{iq}$ 为各个影响因素的系数，$\theta$ 为空间滞后项的系数向量，反映某市城市土地利用效率受邻近城市影响因素的作用程度。$u_i$ 为个体的空间固定效应，$\delta_t$ 为个体的时间固定效应，$\varepsilon_{it}$ 为随机干扰项，$\lambda$ 为空间自相关系数。$i$ 和 $j$ 分别表示第 $i$ 个城市和第 $j$ 个城市，$t$ 表示时间。

#### 7.2.2.2 权重矩阵

本书设计了四种常用的空间权重矩阵：空间邻接矩阵即 0-1 矩阵（$W_a$），逆地理距离矩阵（$W_b$）、经济距离矩阵（$W_c$）和经济地理嵌套矩阵（$W_d$）。这四种空间权重矩阵的详细设计过程在本文的第 6 章中已做了介绍。由于经济地理嵌套矩阵（$W_d$）既考虑了地理距离的空间影响，又反映了经济因素的空间相互作用，更能全面又客观地评价相关指标的空间关联程度（李小平 等，2020）[146]，而且基于该矩阵的莫兰指数的大小和显著性也优于另外三个矩阵，本文接下来将主要报告基于经济地理嵌套权重矩阵（$W_d$）的实证结果。

#### 7.2.2.3 指标的选取、数据来源与描述性统计

为了实证分析的一致性、系统性与可比性，本小节在进行西北地区城市土地利用效率影响因素的空间计量分析时，所涉及的指标选取、数据来源以及描述性统计内容均与上一小节 Tobit 回归分析中的内容一致，在此不再赘述。

#### 7.2.2.4 实证分析结果

确定空间计量模型到底是选择空间杜宾模型、空间自相关模型还是空间误差模型，应该经过一系列的检验筛选。具体而言，本书做了 LM 检验、Wald 检验以及 LR 检验来确定到底应该选择哪一种空间计量模型（Elhorst，2012）[183]，LM 检验、Wald 检验和 LR 检验的结果如表 7-6 所示。

由 LM 检验和 Robust LM 检验可知，模型中存在空间误差效应，其 LM 和 Robust LM 统计量分别为 4.124、11.014，其中，LM 统计量通过了 5% 的显著性水平检验，Robust LM 统计量通过了 1% 的显著性水平检验；模型中存在空间滞后效应的 LM 和 Robust LM 统计量分别为 3.318 和 10.208，其中，LM 统计量通过了 10% 的显著性水平检验，Robust LM 统计量通过了 1% 的显著性水平检验。这说明模型中既存在空间误差效应又存在空间滞后效应，应该选择空间杜宾模型。由 LR 检验可得，原假设空间杜宾模型可以退化为空间自相关模型或者空间误差模型的统计量分别为 56.664 和 52.824，均通过了 1% 的显著性水平检验，说明空间杜宾模型不能够退化为空间自相关模型或者空间误差模型。Wald 检验的统计量为 34.22，且通过了 1% 的显著性水平检验，这意味着应该选择空间杜宾模型。故本书选择空间杜宾模型对西北地区城市土地利用效率的影响因素及其空间效应进行实证分析。

表7-6  空间计量模型甄别检验结果

| 检验方法 | 检验内容 | 统计量 | P值 |
|---|---|---|---|
| LM检验Spatial error | Lagrange multiplier | 4.1244** | 0.042 |
| | Robust Lagrange multiplier | 11.0144*** | 0.001 |
| LM检验Spatial lag | Lagrange multiplier | 3.3184* | 0.069 |
| | Robust Lagrange multiplier | 10.2084*** | 0.001 |
| Wald检验 | Wald test | 34.224*** | 0.0006 |
| LR检验 | Sar nested in sdm | 56.664*** | 0.000 |
| | Sem nested in sdm | 52.824*** | 0.000 |

注：***、**、*分别为在1%、5%、10%的水平上显著。

空间杜宾模型应该选择固定效应还是随机效应，应采用Hausman检验进行确定（Lee，2012）[187]，在本书中，Hausman检验的统计量为80.64，通过了1%的显著性水平检验，说明应该选择固定效应的空间杜宾模型进行回归。本书进一步通过LR检验来确定应该选择哪一种固定效应，在本书中，原假设个体、时间双固定效应可以退化成单一的个体固定效应或时间固定效应的LR统计量分别为42.90和265.60，均通过了1%的显著性水平检验，说明应该选择个体、时间双固定效应的空间杜宾模型来进行回归。为了避免固定效应去均值程序在估计空间效应模型时存在的偏误，本书在回归时借鉴Lee等（2010）[188]做法，对模型的回归结果进行偏误校正。表7-7给出了西北地区城市土地利用效率影响因素的空间杜宾模型的回归结果。

表7-7  西北地区城市土地利用效率影响因素的空间杜宾模型回归结果

| 变量名称 | 回归系数 | 标准误 | $t$统计量 | P值 |
|---|---|---|---|---|
| $\ln pgdp$ | −1.258*** | 0.2113 | −5.96 | 0.00 |
| $(\ln pgdp)^2$ | 0.0774*** | 0.0107 | 7.26 | 0.00 |
| $is$ | 0.0731*** | 0.0243 | 3.01 | 0.003 |
| $density$ | 0.0142 | 0.0113 | 1.25 | 0.21 |
| $landurb$ | −0.00287 | 0.0057 | −0.5 | 0.614 |
| $fdi$ | 0.00574** | 0.0027 | 2.15 | 0.031 |

续表7-7

| 变量名称 | 回归系数 | 标准误 | $t$统计量 | $P$值 |
|---|---|---|---|---|
| $er$ | −0.00112** | 0.0005 | −2.13 | 0.033 |
| $residential$ | 0.00137 | 0.0013 | 1.02 | 0.307 |
| $industrial$ | −0.00309* | 0.0013 | −1.7 | 0.09 |
| $facility$ | −0.00519** | 0.0021 | −2.48 | 0.013 |
| $lnroad$ | 0.0993*** | 0.0310 | 3.2 | 0.001 |
| $marketize$ | −0.0191 | 0.0370 | −0.52 | 0.606 |
| $\rho$ | 0.133** | 0.0659 | 2.02 | 0.044 |
| $sigma2\_e$ | 0.0314*** | 0.0019 | 16.5 | 0.00 |
| $W'lnpgdp$ | 1.109** | 0.5002 | 2.22 | 0.027 |
| $W'(lnpgdp)^2$ | −0.0577** | 0.0250 | −2.31 | 0.021 |
| $W'is$ | 0.0965** | 0.0478 | 2.02 | 0.044 |
| $W'density$ | 0.0334 | 0.0266 | 1.26 | 0.209 |
| $W'landurb$ | −0.0263 | 0.0175 | −1.5 | 0.133 |
| $W'fdi$ | −0.0160 | 0.0121 | −1.33 | 0.184 |
| $W'er$ | −0.00336*** | 0.0012 | −2.9 | 0.004 |
| $W'residential$ | −0.00591** | 0.0028 | −2.09 | 0.036 |
| $W'industrial$ | −0.00321 | 0.0029 | −1.11 | 0.269 |
| $W'facility$ | −0.00748* | 0.0043 | −1.74 | 0.082 |
| $W'lnroad$ | −0.220*** | 0.0781 | −2.81 | 0.005 |
| $W'marketize$ | 0.0961 | 0.0715 | 1.34 | 0.179 |
| 个体效应 | 是 | | 时间效应 | 是 |
| Loglikelihood | 169.3461 | | $R^2$ | 0.3324 |
| N | 585 | | | |

注：***、**、*分别为在1%、5%、10%的水平上显著。

从被解释变量的空间滞后项系数来看，$\rho$在5%的水平下显著为正值，这进一步说明我国西北地区的城市土地利用效率存在显著的空间相关性，相邻城市之间存在"示范效应",西北地区某一个城市的城市土地利用效率的提升会对其邻近城市的城市土地利用效率产生显著的正向影响。

从解释变量的空间滞后项系数来看,经济发展水平、产业结构升级、环境规制、居住用地占比、设施用地占比、交通设施水平等变量存在显著的空间溢出效应,在空间依赖关系下,地方政府会根据邻近地区的发展情况来调整自己的发展方向。具体来说,经济发展水平对邻近地区的影响呈现倒"U"形曲线关系,产业结构升级可以显著促进邻近地区的城市土地利用效率的提升;环境规制、居住用地占比、设施用地占比和交通设施水平对邻近地区的城市土地利用效率有抑制作用;人口密度、土地城镇化水平、引进外资和土地市场化水平对邻近地区城市土地利用效率的作用不明显。

从解释变量的回归系数来看,在考虑空间溢出效应的情况下,经济发展水平对城市土地利用效率的影响仍然呈显著的"U"形曲线关系,这与Tobit模型的估计结果一致。产业结构升级、引进外资和交通设施的系数均显著为正,这三个变量都会显著促进西北地区城市土地利用效率的提升,这与本书Tobit模型的估计结果一致。环境规制水平、工业用地占比和设施用地占比的估计系数显著为负,说明它们对西北地区城市土地利用效率有显著的抑制作用,这与本书Tobit模型的估计结果也一致。人口密度、土地城镇化水平、居住用地占比、土地市场化水平对西北地区城市土地利用效率的影响不显著,其中居住用地占比和土地市场化水平的估计系数与Tobit模型的回归结果一致,而人口密度和土地城镇化水平的回归结果分别从Tobit回归中的显著促进作用与显著抑制作用变为均不显著,原因可能在于人口、资本等生产要素可以在本地及邻近地区间相互流动,在考虑了空间溢出作用的情况下,人口密度的聚集作用及土地规模扩大造成的本地城市土地浪费现象会减弱,故而人口密度及土地城镇化水平对城市土地利用效率的影响减弱。

### 7.2.2.5  稳健性检验

在上面的实证分析中,本文主要报告了经济地理嵌套矩阵($W_d$)的回归结果,空间计量结果对空间权重矩阵有较高的敏感性,本文在稳健性检验部分进一步分析空间邻接矩阵($W_a$)、逆地理距离矩阵($W_b$)、经济距离矩阵($W_c$)的空间计量模型计算结果。根据LM检验、LR检验、Wald检验的结果来看,这三个空间权重矩阵都应该选择空间杜宾模型,根据Hausman检验的结果,都应采用个体、时间双固定效应进行回归。

表7-8中，模型（17）、模型（18）和模型（19）分别列示了基于空间邻接矩阵（$W_a$）、逆地理距离矩阵（$W_b$）和经济距离矩阵（$W_c$）的个体、时间双固定效应的空间杜宾模型回归结果，回归过程借助了Stata15.0软件。可以看出，三种空间权重矩阵下回归结果的空间自回归系数$\rho$均为正值，并且都通过了统计显著性水平检验。由于模型中涉及的变量较多，除了个别变量估计系数的显著性水平有所变化外，与上文基本一致，得出的结论仍然与上文所分析的内容类似。整体而言，可以认为本文的回归结果具有稳健性。

表7-8　基于不同空间权重矩阵的稳健性检验

| 变量名称 | 空间邻接矩阵 | 逆地理距离矩阵 | 经济距离矩阵 |
|---|---|---|---|
| | 模型（17） | 模型（18） | 模型（19） |
| $\ln pgdp$ | −1.255*** | −1.252*** | −1.349*** |
| | (−6.28) | (−6.04) | (−6.53) |
| $(\ln pgdp)^2$ | 0.0732*** | 0.0756*** | 0.0807*** |
| | (7.28) | (7.20) | (7.79) |
| $is$ | 0.0668** | 0.0812*** | 0.0926*** |
| | (2.97) | (3.30) | (3.96) |
| $density$ | 0.00239 | 0.0113 | 0.00550 |
| | (0.21) | (1.00) | (0.48) |
| $landurb$ | −0.00381 | −0.000763 | −0.00485 |
| | (−0.69) | (−0.13) | (−0.87) |
| $fdi$ | 0.00367 | 0.00593** | 0.00432 |
| | (1.35) | (2.23) | (1.60) |
| $er$ | −0.000966* | −0.00139*** | −0.00111** |
| | (−1.85) | (−2.62) | (−2.13) |
| $residential$ | 0.00270** | 0.00254* | 0.00116 |
| | (2.03) | (1.93) | (0.89) |
| $industrial$ | −0.00202 | −0.00152 | −0.00433** |
| | (−1.16) | (−0.84) | (−2.50) |

续表7-8

| 变量名称 | 空间邻接矩阵 | 逆地理距离矩阵 | 经济距离矩阵 |
|---|---|---|---|
|  | 模型（17） | 模型（18） | 模型（19） |
| *facility* | −0.00683*** | −0.00482** | −0.00906*** |
|  | (−3.36) | (−2.31) | (−4.41) |
| lnroad | 0.0964*** | 0.0890*** | 0.0904*** |
|  | (3.23) | (2.89) | (2.87) |
| *marketize* | −0.0229 | −0.0215 | −0.0271 |
|  | (−0.63) | (−0.58) | (−0.73) |
| $\rho$ | 0.145*** | 0.110* | 0.178*** |
|  | (2.72) | (1.73) | (2.69) |
| sigma2_e | 0.0303*** | 0.0312*** | 0.0313*** |
|  | (16.48) | (16.50) | (16.48) |
| $R^2$ | 0.3529 | 0.3373 | 0.3265 |
| 地区效应 | 是 | 是 | 是 |
| 时间效应 | 是 | 是 | 是 |
| Loglikelihood | 178.4107 | 171.0045 | 168.9763 |
| N | 585 | 585 | 585 |

注：***、**、*分别为在1%、5%、10%的水平上显著，括号内的数字为T统计量。

　　需要说明的是，在Tobit回归中，本书还按照省会中心城市、资源型城市和其他类城市的分类，研究了不同类型城市的城市土地利用效率影响因素的异质性，而在空间计量模型中，无法对不同类型城市的城市土地利用效率影响因素的异质性进行考察。这是因为本书对省会中心城市、资源型城市和其他类城市的分类是按照西北地区各个城市的功能属性和资源禀赋，而不是按照地理位置，同一类型城市之间并不在地理上相邻，无法考察同一类型城市之间的空间溢出效应，而且也无法构造空间权重矩阵。故本书在做空间计量分析时，只是以西北地区整体为样本，分析在考虑了空间溢出效应的情况下，城市土地利用效率影响因素的实证结果，而没有按照不同类型的城市进行分样本回归。

## 7.3　本章小结

本章从理论和实证两个方面详细剖析了西北地区城市土地利用效率的影响因素。首先从社会经济、政府作用、土地功能结构、市场引导四个方面构建了西北地区城市土地利用效率影响因素的理论分析框架，厘清城市土地利用效率的具体影响因素，分析各个影响因素的作用机理，然后分别构建了 Tobit 模型和空间计量模型来实证分析西北地区城市土地利用效率影响因素的作用方向和作用程度。本章还通过替换变量和更换空间权重矩阵的方法验证 Tobit 模型和空间计量模型回归结果的稳健性。得出结论如下：

Tobit 回归结果显示，西北地区的经济发展水平与城市土地利用效率之间存在显著的先降后升的"U"形曲线关系；产业结构升级会优化土地资源配置、节约利用城市土地、提高土地经济效益、减少污染物排放，从而提升西北地区的城市土地利用效率；人口密度的增加形成聚集效应，带来了规模经济并促进了对西北地区城市土地的充分开发，有利于该地区城市土地利用效率的提升；土地城镇化会造成土地资源浪费和环境污染加剧，从而降低城市土地利用效率；引进外资可以显著促进西北地区城市土地利用效率的提升，西北地区引进外资带来的技术溢出、成本降低、示范效应等正面作用大于污染转移等负面作用；环境规制对西北地区城市土地利用效率起到显著的抑制作用，"波特假说"在西北地区不成立，西北地区产业发展落后，技术水平低，企业通过加大投入获得"创新补偿"的可能性小，环境规制带来的成本增加大于其可能带来的"创新补偿"；从用地结构来看，居住用地占比对城市土地利用效率的正向影响不显著，工业用地占比和设施用地占比的提升会对城市土地利用效率产生显著的抑制作用；交通设施的完善会提高城市交通的可达性，缩短人力、物力等要素流动的时空距离，可以显著促进城市土地利用效率的提升；土地市场化水平对西北地区城市土地利用效率的作用力度有限。

从不同类型城市的影响因素的异质性来看，省会中心城市和资源型城市的回归结果与西北地区整体的回归结果有很大程度上的相似性，只是个别指标发生了变化，而其他类城市的回归结果多个指标不显著，提升该类型城市的城市土地利用效率的抓手较少。具体来说，在省会中心城市和资源型城市，经济发展水平与城市土地利用效率之间存在先降后升的"U"形曲线关系，产业结构升级和引进外资可以显著促进城市土地利用效率的提升，而在其他类城市，经济发展水平、产业结构升级和外资利用水平对城市土地利用效率的影响不显著。省会中心城市的人口密度对城市土地利用效率有显著的促进作用，土地城镇化对城市土地利用效率有显著的抑制作用，而资源型城市和其他类城市的人口密度和土地城镇化这两个因素对城市土地利用效率的影响都有限。资源型城市和其他类城市的环境规制水平对城市土地利用效率起到了显著的抑制作用，而省会中心城市的环境规制对城市土地利用效率的影响不明显。省会中心城市的居住用地占比对城市土地利用效率有显著的促进作用，工业用地占比和设施用地占比的影响不明显；资源型城市的设施用地占比对城市土地利用效率有显著的抑制作用，而居住用地占比和工业用地占比的影响不明显；其他类城市的工业用地占比和设施用地占比对城市土地利用效率有显著的抑制作用，而居住用地占比的影响不显著。交通设施的完善对其他类城市的城市土地利用效率起到显著的促进作用，而对省会中心城市起到抑制作用，对资源型城市的影响不明显。三种类型城市的土地市场化水平对城市土地利用效率的影响均不显著。

西北地区城市土地利用效率存在显著的空间溢出效应，空间滞后项系数显著为正，相邻城市之间存在"示范效应"，西北地区某一个城市的城市土地利用效率的提升会对其邻近城市的城市土地利用效率产生显著的正向影响。在考虑了空间溢出效应的情况下，经济发展水平对城市土地利用效率的影响仍然呈显著的"U"形曲线关系，产业结构升级、引进外资和交通设施的改善会显著促进西北地区城市土地利用效率的提升，环境规制水平、工业用地占比和设施用地占比的提高会抑制西北地区城市土地利用效率的提升，居住用地占比、土地市场化水平对西北地区城市土地利用效率的影响不显著，这些影响因素的回归结果与Tobit模型的估计结果一致；而人口密度和土地城镇化水平的回归结果分别从Tobit回归中的显著促进作用和显著抑制作用变为了均不显著，原因可能是人口、资本等生产要素可以在本地及邻近地区间相互流动。在考虑了空间溢出效应的情况下，人口密度的聚集效应及土地规模扩大造成的本地城市土地浪费会减弱，导致人口密度及土地城镇化对城市土地利用效率的影响均减弱。

# 第8章
# 研究结论、政策建议及研究展望

## 8.1 研究结论

我国长久以来就存在人多地少、土地资源不足的问题，改革开放以来，随着城镇化的快速发展，我国的城市建设用地快速扩张，"人地矛盾"日益突出。西北地区地域辽阔，生态环境脆弱，气候、地形及水土条件适宜城市建设的土地少，然而在可利用土地少的情况下，与其他地区相比，西北地区的城市土地利用还更加粗放。另外，东部地区经过长时间的快速发展，其经济、产业达到了较高的发展水平，在加快形成双循环格局以及全国产业链发展的背景下，随着东部地区土地成本、人力成本上升和环境约束等因素，东部地区需要将产业和技术向西北欠发达地区转移，而这也给西北地区的城市土地利用带来了新的压力。城市土地是城市经济活动的载体，也是城市居民生活的基本空间，其利用效率深刻影响着城市土地节约集约利用水平和经济社会的协调发展。对西北地区的城市土地利用效率及其影响因素进行研究具有理论及现实意义。在阐述西北地区城市土地的规模、结构、效益等土地利用现状的基础上。首先，本书构建了城市土地利用效率的理论分析框架与指标体系，利用Super-SBM模型、GML指数和效率损失模型对西北地区城市土地利用效率做出客观的评价、比较和分解，并从内部要素层面揭示出城市土地利用效率各投入产出变量的实际值与最优值的差距。然后，本书将静态和动态、时间和空间相结合，详细分析西北地区城市土地利用效率的差异特征、时序演进特征、空间关联特征和时空动态特征。接下来，本书从社会经济、政府作用、土地功能结构、市场引导四个方面较为系统地建立了城市土地利用效率影响因素的理论分析框架，厘清城市土地利用效率的具体影响因素，并逐一分析各个影响因素对城市土地利用效率的作用机理。最后，分别建立了适合受限因变量的Tobit模型和考虑了各变量间空间溢出效应的空间计量模型来对西北地区城市土地利用效率的影响因素进行实证检验。本研究得到如下结论：

第一，中国西北地区的城市土地利用效率处在较低水平，2004—2018年整体呈现波动上升趋势，变动趋势近似呈"N"形曲线，2018年效率高值向西北地区东南侧聚集，城市群的聚集作用增强。GML指数显示西北地区城市土地利用效率在研究时间范围内得到了快速的增长，省会中心城市的增长幅度最大，资源型城市次之，其他类城市最慢。从EC和TC的分解结果来看，西北地区大部分城市的技术进步指数大于效率变化指数，技术进步是推动西北地区城市土地利用效率增长的主要因素。从效率损失模型来看，西北地区的劳动力投入、土地投入和三个衡量环境污染的非期望产出的冗余率较高，期望产出中环境收益的不足率较大，经济收益和社会收益的不足率相对较小。

第二，2004—2018年西北地区39个城市的城市土地利用效率差异显著，差异先快速缩小，后缓慢扩大。从差异的来源看，组间差异很小，组内差异占绝对支配地位，资源型城市的效率水平差异最大，省会中心城市次之，其他类城市最小。核密度曲线揭示出西北地区39个城市的城市土地利用效率存在两极分化的空间非均衡特征，集聚类型先低值聚集，后高值聚集。2018年的核密度曲线出现了明显的右拖尾，说明2018年西北地区的城市土地利用效率存在"优者更优"的现象。省会中心城市、资源型城市和其他类城市的演进特征有较大差异。从马尔科夫链转移概率矩阵来看，西北地区的城市土地利用效率存在"俱乐部趋同"现象，2012年之后这一现象减弱，西北地区城市土地利用效率维持在低类型和高类型的概率最大，向上转移的概率大于向下转移的概率，而跳跃转移的概率较小。

第三，莫兰指数结果显示，西北地区的城市土地利用效率具有较为显著的正向空间依赖性与空间聚集性，特别是2011年之后，西北地区一个城市的城市土地利用效率会对其邻近城市的城市土地利用效率产生显著的正向影响。从LISA聚类结果来看，西北地区城市土地利用效率的局部空间关联呈现"小聚集、大分散"的状态，2018年聚集地区向西北地区东南侧靠拢，"低低"聚集的城市仍然存在。从LISA时间路径长度来看，资源型城市的城市土地利用效率拥有更加动态的空间结构，其他类城市次之，省会中心城市空间结构较为稳定。从LISA时间路径弯曲度来看，陇南市、延安市和金昌市的LISA时间路径弯曲度最大，这三个城市受到邻近地区的影响最强；酒泉市、吴忠市、呼伦贝尔市受到邻近地区的影响最不明显。从LISA时空跃迁特征来看，西北地区城市土地利用效率整体的空间凝聚性相对较弱，动态性强，优化潜力较高。

第四，Tobit回归结果显示，西北地区的经济发展水平与城市土地利用效率之间存在先降后升的"U"形曲线关系；产业结构升级可以显著促进西北地区城市土地利用效率的提升；人口密度的增加对西北地区城市土地利用效率有正向影响；土地城镇化会显著抑制西北地区城市土地利用效率的提高；引进外资可以显著促进西北地区城市土地利用效率的提升；"波特假说"在西北地区不成立，环境规制对西北地区城市土地利用效率的作用为负；从用地结构来看，居住用地占比对西北地区城市土地利用效率的正向影响不显著，工业用地占比和设施用地占比的提升会对西北地区城市土地利用效率产生显著的抑制作用；交通设施的完善可以显著促进西北地区城市土地利用效率的提升；土地市场化水平对西北地区城市土地利用效率的作用力度有限。

第五，从不同类型城市影响因素的异质性来看，省会中心城市的经济发展水平与城市土地利用效率之间存在显著的"U"形曲线关系，产业结构升级、提高人口密度、引进外资、提高居住用地占比都可以显著促进城市土地利用效率的提升，而土地城镇化和交通设施建设对省会中心城市的城市土地利用效率有抑制作用，环境规制、工业用地占比、设施用地占比和土地市场化水平对省会中心城市的城市土地利用效率影响不明显；资源型城市的经济发展水平与城市土地利用效率之间也存在显著的"U"形曲线关系，产业结构升级和引进外资对该类型城市的城市土地利用效率有显著的促进作用，环境规制和设施用地与比对资源型城市的城市土地利用效率有负向影响，人口密度、土地城镇化、居住用地占比和工业用地占比对资源型城市的城市土地利用效率的影响不明显；其他类城市的回归结果中多个指标不显著，可以提升该类型城市的城市土地利用效率的抓手较少，具体来说，完善交通设施建设可以显著提升该类城市的城市土地利用效率，环境规制、工业用地占比和设施用地占比对该类型城市的城市土地利用效率有显著的抑制作用，其他影响因素的作用结果在统计意义上不具备显著性。

第六，西北地区城市土地利用效率存在显著的空间溢出效应，空间滞后项系数显著为正，相邻城市之间存在"示范效应"，即西北地区某一个城市的城市土地利用效率的提升会对其邻近城市的城市土地利用效率产生显著的正向影响。在考虑了空间溢出效应的情况下，经济发展水平对西北地区城市土地利用效率的影响仍然是显著的"U"形曲线关系，产业结构升级、引进外资和交通设施的改善仍然会显著促进西北地区城市土地利用效率的提升，环境规制水平、工业用地占比和设施用地占比的提高会对西北地区城市土地利用效率起到负面影响，居住用地占比、土地市场化对西北地区城市土地利用效率的影响不明显，这些影响因素的回归结果与 Tobit 模型的估计结果均一致。而人口密度和土地城镇化的回归结果分别从 Tobit 回归中的显著促进作用和显著抑制作用变为均不显著，原因可能是人口、资本等生产要素可以在本地及邻近地区间相互流动，在考虑了空间溢出作用的情况下，人口密度的聚集作用及土地规模扩大造成的本地城市土地浪费现象会减弱。

## 8.2 政策建议

根据本书研究结论得出的政策建议如下：

第一，控制土地供应面积，实现存量建设用地的内部挖潜。当前，西北地区的城市土地利用效率仍处在较低水平，效率损失模型也发现土地投入的冗余率较高。城市建设用地面积并非越大越好，要控制城市土地供应面积，使土地城镇化进程与西北地区各城市的人口规模、产业发展情况相适应。具体来说，要在考虑资源环境承载能力和国土空间开发适宜性等因素的基础上，继续推进西北地区的国土空间规划编制，继续推进"多规合一"法定规划体系建设，促进城市各功能区科学衔接与混合嵌套，提高城市土地利用的合理水平。转变依靠建设用地扩张带动城市发展的模式，严禁"摊大饼"式城市发展，优化城市内部城镇土地资源配置，统筹推进新建住宅容积率管控和老旧小区改造，盘活低效的存量建设用地。此外，还要完善低效用地退出机制，对城市低效用地、批而未用、用而未尽、违法闲置土地加大执法处置力度，促进西北地区城市土地的高效利用。

第二，发挥城市群的聚集作用，促进城市土地利用效率"高高"聚集。西北地区地广人稀，更有一些重要的生态功能区需要以保护为主，西北地区的发展不能"遍地开花"，需要集中、集约、集群发展（肖金成，2020）[189]。效率测算结果显示，2018年西北地区城市土地利用效率高值向西北地区的城市群聚集。西北地区要发挥城市群的聚集作用，以效率水平较高的省会中心城市为抓手，推动关中平原城市群、呼包鄂榆城市群、宁夏沿黄城市群和天山北坡城市群等西北地区的城市群建设，形成以中心城市引领城市群发展，城市群带动区域发展的格局。空间计量模型也显示西北地区城市土地利用效率存在显著的空间溢出效应，相邻城市之间存在"示范效应"，可以考虑推动城市间的联动发展，建立协调发展机制，打破行政壁垒，促进要素的自由流动，让经济发展对城市土地利用效率的影响转到"U"形曲线右侧，增强人口密度对城市土地利用效率的正向牵引力，推动城市土地利用效率的"高高"聚集。对于城市土地利用效率"低低"聚集的城市，要转变经济发展方式，走新型城镇化的道路，促进城市土地的集约利用。

第三，减少污染物排放，减轻城市土地所承载的环境污染压力。效率损失模型显示，从西北地区城市土地利用效率的内部要素层面看，工业废水、工业二氧化硫排放等非期望产出冗余是导致西北地区城市土地利用效率低下的主要原因。西北地区本身生态环境脆弱，减少污染物的排放既是维持西北生态安全的要求，也是提高城市土地利用效率的重要途径。西北地区的地方政府要守住国家的生态屏障，以绿色发展为出路，提高城市空间生态治理能力，城市用地发展要与生态保护相协调。具体来说，要逐步淘汰落后、低端、污染排放大的过剩产能，摆脱传统路径依赖，减少工业"三废"等污染物排放，可以实行排污许可制，推动工业污染源限期达标排放；同时，西北地区的地方政府还要制定合理的产业准入环境门槛，防止污染排放随产业跨区转移而扩散。此外，西北地区的地方政府要发挥环境污染治理上的合力，避免出现"以邻为壑"的现象，防止环境污染风险扩散到周围城市。

第四，继续推进西北地区产业结构升级，有序承接东部地区的产业转移。研究发现，产业结构升级可以显著促进西北地区城市土地利用效率的提高，西北地区的地方政府要推动产业结构转型升级，摆脱产业链低端的困境。具体来说，要紧紧抓住新一轮科技革命和产业变革的重大机遇，利用5G、物联网等新经济技术和模式提升西北地区工业的价值链水平，重振"西北制造"。利用西北地区资源能源丰富、工业体系健全等优势，合理适度布局节能环保、生物制药等战略性新兴产业，并扶持文化旅游等生态产业企业，加大资金投入，在保护中加快西北地区文旅资源开发，用地指标也要向这些低能耗、低污染、高效益的第三产业倾斜。另外，西北地区也要抓住东部地区产业和技术向西北地区转移的机会，准确把握和发挥西北地区在能源资源、土地空间、劳动力以及产业基础等方面的比较优势，优化营商环境，逐步强化产业配套措施，有序承接东部地区的产业转移，在全球产业结构的重新布局中占有一席之地。也可以开展东部地区对西北地区产业发展的对口合作，打破西北地区传统的产业发展模式，促进产业结构优化升级。

第五，完善西北地区交通基础设施，进一步提升开放水平。研究发现，完善交通基础设施和提升对外开放水平对西北地区的城市土地利用效率也有显著促进作用。西北地区在交通基础设施建设方面较为滞后，大部分地区路网密度偏低，道路等级和质量较差，西北地区地方政府要进一步加强交通基础设施建设，提高城市可达性，完善由铁路、公路、民航、管道等多种运输方式共同构筑的立体交通网络。国家也要适当加大对西北地区交通建设的扶持力度，补齐西北地区交通基础设施建设的短板。在提升开放水平方面，西北地区要抓住"丝绸之路经济带"建设和"新一轮西部大开发"等政策红利，创新提升国家级新区和开发区，促进综合保税区高水平开放，支持西北有条件的地区建设内陆开放型经济试验区，吸引东部、中部以及全球的资金，促进产业和人口的集聚，融入产业链的全球分工之中，同时利用外部输入的知识、技术和管理优势，推动西北地区城市土地利用的提质增效。

第六，根据各类城市间的差异，因地制宜，分类施策。西北地区不同类型城市的城市土地利用效率及其影响因素存在着差异，在制定相关政策时，也要尊重差异，因地制宜，因城施策。对于省会中心城市来说，要加强投入，促进人口、资本等要素集聚，充分发挥省会中心城市对邻近地区的带动作用，调整要素结构，提高居住用地占比，减少工业用地和设施用地的比重。对于资源型城市来说，可以将工业用地向工业园区聚集，集中布局、规模经营，要避免"资源诅咒"陷阱，在经济发展方式上强化创新驱动，减少经济增长对化石能源的依赖，严控产能过剩行业和高污染行业，倒逼资源型城市的企业向低污染、低排放、低能耗的发展模式转型。对于其他类城市来说，要继续完善交通基础设施建设，促进互联互通，可以发展特色产业和特色服务业，扶持小微企业发展。

## 8.3　研究展望

第一，对于土地利用的研究可以分为宏观、中观和微观三个研究尺度，限于统计数据的可得性，本书仅从宏观的角度对西北地区的城市土地利用效率及其影响因素进行了研究，没有对西北地区中观尺度和微观尺度的城市土地利用问题进行研究。下一步可以从中观或微观的视角，比如从西北地区具体的工业园、经济开发区、某一个特定地块等着手，通过实地调研、问卷调查等方式更为细致地剖析西北地区城市土地利用的问题。

第二，本书所研究的城市土地是指城市市辖区的土地。在效率测度和分析影响因素时，也选择市辖区统计口径的各项指标。佀是在各个公开数据中，衡量非期望产出的环境污染指标和衡量环境规制水平的污水处理厂集中处理率指标仅统计到全市口径。本书将工业环境污染指标按照市辖区工业总产值占全市工业总产值的比重进行了近似折算。而污水处理厂集中处理率是相对比率指标，不能用市辖区工业总产值占全市工业总产值的比重来简单扩算。故本书在回归时用了全市口径的污水处理厂集中处理率来近似代替市辖区统计口径的污水处理厂集中处理率。折算或替代的指标可能存在一定的偏误。下一步可以尝试突破统计年鉴的局限，如通过遥感、调研等方法，获得污染物排放及环境治理更为精确的指标。

第三，由于西北地区资源型城市较多，本书研究的39个城市中，资源型城市就占到了20个，而6个省会中心城市又存在独特的政治、经济和文化中心的功能，本书在划分西北地区的城市类型时，根据城市的功能属性和资源禀赋特征，将6个省会中心城市划分为一类，20个资源型城市划分为一类，剩余的13个城市划分为一类。由于研究样本较少，作者尝试用经济、人口、产业等社会经济指标对西北地区的39个城市进行聚类，但是不同年份的指标得出的分类结果相差甚远，而且聚类结果没有共性特征，最后本书仅从城市的功能属性和资源禀赋特征出发，将所研究的39个城市划分为三类。下一步可以尝试新的分类方法，比如从西北城市群聚集情况、是否有高铁连通、生态功能分区等角度，分析西北地区在不同分类下的城市土地利用效率的特征。

# 参考文献

［1］赵丹丹，胡业翠.土地集约利用与城市化相互作用的定量研究——以中国三大城市群为例［J］.地理研究，2016，35（11）：2105-2115.

［2］张雯熹，吴群，王博，等.产业专业化、多样化集聚对城市土地利用效率影响的多维研究［J］.中国人口·资源与环境，2019，29（11）：100-110.

［3］韩峰，赖明勇.市场邻近、技术外溢与城市土地利用效率［J］.世界经济，2016，39（1）：123-151.

［4］李永乐，舒帮荣，吴群.中国城市土地利用效率：时空特征、地区差距与影响因素［J］.经济地理，2014，34（1）：133-139.

［5］付磊，李德山.中国城市土地利用效率测度［J］.城市问题，2019（7）：50-58.

［6］刘书畅，叶艳妹，肖武.基于随机前沿分析的中国城市土地利用效率时空分异研究［J］.中国土地科学，2020，34（1）：61-69.

［7］全毅.丝绸之路经济带建设与西部大开发：协同发展［J］.青海社会科学，2016（4）：19-26.

［8］郭爱君，范巧.南北经济协调视角下国家级新区的北—南协同发展研究［J］.贵州社会科学，2019（2）：117-127.

［9］许宪春，雷泽坤，窦园园，等.中国南北平衡发展差距研究——基于"中国平衡发展指数"的综合分析［J］.中国工业经济，2021（2）：7-24.

［10］范恒山，肖金成，陈耀，等.西部大开发：新时期 新格局［J］.区域经济评论，2020（5）：1-15.

［11］郑新奇.城市土地优化配置与集约利用评价［M］.北京：科学出版社.2004.

［12］蒋贵国，何伟.城市土地管理［M］.北京：科学出版社.2019.

［13］周京奎.城市土地经济学［M］.北京：北京大学出版社.2007.

［14］孙平军，吕飞，修春亮，等.新型城镇化下中国城市土地节约集约利用的基本认知与评价［J］.经济地理，2015，35（8）：178-183.

［15］曹建海.中国城市土地高效利用研究［M］.北京：经济管理出版社.2002.

［16］陈荣.城市土地利用效率论［J］.城市规划汇刊，1995（4）：28-33.

［17］李菁，胡碧霞，匡兵，等.中国城市土地利用效率测度及其动态演进特征［J］.经济地理，2017，37（8）：162-167.

［18］卢新海，陈丹玲，匡兵.区域一体化对城市土地利用效率的影响——以武汉城市群为例［J］.城市问题，2018（3）：19-26.

［19］张立新，朱道林，杜挺，等.基于DEA模型的城市建设用地利用效率时空格局演变及驱动因素［J］.资源科学，2017，39（3）：418-429.

［20］CAO X，LIU Y，LI T，et al. Analysis of spatial pattern evolution and influencing factors of regional land use efficiency in China based on ESDA-GWR［J］. Scientific reports，2019，9，520.

［21］岳立，李文波.环境约束下的中国典型城市土地利用效率——基于DDF-Global Malmquist-Luenberger指数方法的分析［J］.资源科学，2017，39（4）：597-607.

［22］卢新海，杨喜，陈泽秀.中国城市土地绿色利用效率测度及其时空演变特征［J］.中国人口·资源与环境，2020，30（8）：83-91.

［23］王建林，赵佳佳，宋马林.基于内生方向距离函数的中国城市土地利用效率分析［J］.地理研究，2017，36（7）：1386-1398.

［24］CHEN Y，CHEN Z，XU G，et al. Built-up land efficiency in urban China：Insights from the General Land Use Plan（2006—2020）［J］. Habitat international，2016，51：31-38.

［25］XIE H，CHEN Q，LU F，et al. Spatial-temporal disparities，saving potential and influential factors of industrial land use efficiency：A case study in urban agglomeration in the middle reaches of the Yangtze River［J］. Land use policy，2018，75：518-529.

［26］樊鹏飞，冯淑怡，苏敏，等.基于非期望产出的不同职能城市土地利用

效率分异及驱动因素探究［J］.资源科学，2018，40（5）：946-957.

［27］刘世超，柯新利.中国城市群土地利用效率的演变特征及提升路径［J］.城市问题，2019（9）：54-61.

［28］YU J，ZHOU K，YANG S. Land use efficiency and influencing factors of urban agglomerations in China［J］.Land use policy，2019，88，104143.

［29］詹国辉.城市建设用地利用效率及其影响因素探究——以江苏省13个城市为例［J］.华东经济管理，2017，31（6）：11-15.

［30］朱孟珏，庄大昌，张慧霞.2000—2015年中国城市土地利用效率的时空演化［J］.水土保持通报，2018，38（3）：240-247.

［31］CUI X，FANG C，WANG Z，et al. Spatial relationship of high - speed transportation construction and land - use efficiency and its mechanism：Case study of Shandong Peninsula urban agglomeration［J］.Journal of geographical sciences，2019，29（4）：549-562.

［32］ZHU X，LI Y，ZHANG P，et al. Temporal - spatial characteristics of urban land use efficiency of China's 35mega cities based on DEA：Decomposing technology and scale efficiency［J］. Land use policy，2019，88，104083.

［33］王良健，李辉，石川.中国城市土地利用效率及其溢出效应与影响因素［J］.地理学报，2015，70（11）：1788-1799.

［34］金贵，邓祥征，赵晓东，等.2005—2014年长江经济带城市土地利用效率时空格局特征［J］.地理学报，2018，73（7）：1242-1252.

［35］WANG X，SHEN X，PEI T. Efficiency Loss and Intensification Potential of Urban Industrial Land Use in Three Major Urban Agglomerations in China［J］.Sustainability，2020，12，16454.

［36］LIU Y，ZHANG Z，ZHOU Y. Efficiency of construction land allocation in China：An econometric analysis of panel data［J］. Land use policy，2018，74：261-272.

［37］QIAO L，HUANG H，TIAN Y. The Identification and Use Efficiency Evaluation of Urban Industrial Land Based on Multi - Source Data［J］.Sustainability，2019，11，614921.

［38］陈丹玲，李菁，胡碧霞.长江中游城市群城市土地利用效率的空间关联特征［J］.城市问题，2018（9）：55-64.

［39］黄和平，彭小琳.脱钩视角下城市土地利用效率变化与提升策略——以南昌市为例［J］.资源科学，2016，38（3）：493-500.

［40］杨君，贺际康，陈丹玲.长中城市群区域一体化与土地利用效率耦合关系演变［J］.城市问题，2019（1）：63-69.

［41］班茂盛，方创琳，刘晓丽，等.北京高新技术产业区土地利用绩效综合评价［J］.地理学报，2008（2）：175-184.

［42］施建刚，徐天珩.基于VRS-DEA模型与Malmquist指数的工业园区土地利用效率评价——以长三角城市群16个工业园区为例［J］.资源科学，2017，39（6）：1026-1036.

［43］HUANG Z，HE C，ZHU S. Do China's economic development zones improve land use efficiency? The effects of selection，factor accumulation and agglomeration［J］. Landscape and urban planning，2017，162：145-156.

［44］万娟娟，陈璇.土地发展权视域下中国城市土地集约利用效率空间格局及溢出效应［J］.经济地理，2018，38（6）：160-167.

［45］何好俊，彭冲.城市产业结构与土地利用效率的时空演变及交互影响［J］.地理研究，2017，36（7）：1271-1282.

［46］刘秋蓉，曹广忠.县域城乡建设用地效率及其与区域主体功能的空间关系［J］.城市发展研究，2019，26（9）：80-87.

［47］罗能生，彭郁，罗富政.土地市场化对城市土地综合利用效率的影响［J］.城市问题，2016（11）：21-28.

［48］王向东，刘小茜，裴韬，等.基于技术效率测算的京津冀城市土地集约利用潜力评价［J］.地理学报，2019，74（9）：1853-1865.

［49］卢德伟，易璐，程迎轩，等.珠三角城市群土地利用效率评价研究［J］.广东土地科学，2018，17（1）：42-48.

［50］苗建军，徐愫.空间视角下产业协同集聚对城市土地利用效率的影响——以长三角城市群为例［J］.城市问题，2020（1）：12-19.

［51］龙开胜，李敏.长三角城市土地稀缺与土地利用效率的交互影响［J］.中国农业科学，2018，32（9）：74-80.

［52］李璐，董捷，张俊峰.长江经济带城市土地利用效率地区差异及形成机理［J］.长江流域资源与环境，2018，27（8）：1665-1675.

［53］卢新海，唐一峰，匡兵.长江中游城市群城市土地利用效率空间溢出效

应研究［J］.长江流域资源与环境，2018，27（2）：252-261.

［54］朱孟珏，傅晓婷.粤港澳大湾区土地利用效率的时空特征及其影响机制［J］.热带地理，2017，37（6）：814-823.

［55］陈章喜，吴振帮.粤港澳大湾区城市群土地利用结构与效率评价［J］.城市问题，2019（4）：29-35.

［56］田柳，陈江龙，高金龙.城市空间结构紧凑与土地利用效率耦合分析——以南京市为例［J］.长江流域资源与环境，2017，26（1）：26-34.

［57］CHEN W，SHEN Y，WANG Y，et al. The effect of industrial relocation on industrial land use efficiency in China：A spatial econometrics approach［J］.Journal of cleaner production,2018,205:525-535.

［58］LU X，KUANG B，LI J. Regional difference decomposition and policy implications of China's urban land use efficiency under the environmental restriction［J］.Habitat international,2018,77:32-39.

［59］PENG C，XIAO H，LIU Y，et al. Economic structure and environmental quality and their impact on changing land use efficiency in China［J］.Frontiers of earth science,2017,11(2):372-384.

［60］ZHAO X，ZHANG L，HUANG X，et al. Evolution of the Spatiotemporal Pattern of Urban Industrial Land Use Efficiency in China［J］.Sustainability，2018，10（21747）.

［61］刘书畅，叶艳妹，肖武.我国东部四大城市群土地利用效率时空差异及驱动因素［J］.城市问题，2020（4）：14-20.

［62］WU C，WEI Y D，HUANG X，et al. Economic transition，spatial development and urban land use efficiency in the Yangtze River Delta，China［J］. Habitat international，2017,63:67-78.

［63］LIU S，YE Y，LI L. Spatial-Temporal Analysis of Urban Land-Use Efficiency：An Analytical Framework in Terms of Economic Transition and Spatiality［J］.Sustainability,2019,11,18397.

［64］ZHANG L，ZHANG L，Xu Y，et al. Evaluating urban land use efficiency with interacting criteria：An empirical study of cities in Jiangsu China［J］.Land use policy,2020,90,104292.

［65］李崇明，胡俊杰.基于 DEA 的城市土地利用效率时空差异及影响因素

分析——以吉林省9地市为例［J］.长江流域资源与环境，2020，29（3）：678-686.

［66］ZENG C，YANG L，DONG J. Management of urban land expansion in China through intensity assessment：A big data perspective［J］.Journal of cleaner production，2017,153(1):637-647.

［67］秦鹏，陈健飞.香港与深圳土地集约利用对比研究［J］.地理研究，2011，30（6）：1129-1136.

［68］谢花林，张道贝，王伟.鄱阳湖生态经济区城市土地利用效率时空差异及其影响因素分析［J］.农林经济管理学报，2016，15（4）：464-474.

［69］匡兵，卢新海，胡碧霞.经济发展与城市土地利用效率的库兹涅茨曲线效应——基于湖北省12个地级市的面板数据［J］.地域研究与开发，2018，37（6）：139-144.

［70］MASINI E，TOMAO A，BARBATI A，et al. Urban Growth，Land-use Efficiency and Local Socioeconomic Context：A Comparative Analysis of 417 Metropolitan Regions in Europe［J］.Environmental Management,2019,63(3):322-337.

［71］梁流涛，翟彬，樊鹏飞.经济聚集与产业结构对城市土地利用效率的影响［J］.地域研究与开发，2017，36（3）：113-117.

［72］黄振雄，罗能生.土地财政对土地利用效率的影响［J］.中国土地科学，2019，33（9）：93-100.

［73］ZHAO Z，BAI Y，WANG G，et al. Land eco-efficiency for new-type urbanization in the Beijing-Tianjin-Hebei Region［J］.Technological forecasting and social change,2018,137:19-26.

［74］李佳佳，罗能生.城镇化进程对城市土地利用效率影响的双门槛效应分析［J］.经济地理，2015，35（7）：156-162.

［75］CHEN Z，TANG J，WAN J，et al. Promotion incentives for local officials and the expansion of urban construction land in China：Using the Yangtze River Delta as a case study［J］.Land use policy,2017,63:214-225.

［76］SONG M，WANG S，Wu K. Environment-biased technological progress and industrial land-use efficiency in China's new normal［J］.Annals of operations research，2018,268:425-440.

［77］钟成林，胡雪萍.土地收益分配制度对城市建设用地利用效率的影响研

究——基于门限回归模型的实证分析 ［J］.中央财经大学学报，2016（2）：22-35.

　　［78］GAO X，ZHANG A，SUN Z. How regional economic integration influence on urban land use efficiency ? A case study of Wuhan metropolitan area，China［J］. Land use policy，2020，90，104329.

　　［79］YE L，HUANG X，YANG H，et al. Effects of dual land ownerships and different land lease terms on industrial land use efficiency in Wuxi City，East China［J］. Habitat international，2018，78：21-28.

　　［80］胡碧霞，李菁，匡兵.绿色发展理念下城市土地利用效率差异的演进特征及影响因素 ［J］.经济地理，2018，38（12）：183-189.

　　［81］ZHU X，ZHANG P，WEI Y，et al. Measuring the efficiency and driving factors of urban land use based on the DEA method and the PLS-SEM model-A case study of 35 large and medium-sized cities in China［J］. Sustainable cities and society，2019，50，101646.

　　［82］杨喜.新旧动能转换背景下中国城市土地绿色利用效率时空格局及溢出效应研究 ［D］.武汉：华中师范大学，2020.

　　［83］马轩凯，高敏华.西北干旱地区绿洲城市土地生态安全动态评价——以新疆库尔勒市为例 ［J］.干旱区地理，2017，40（1）：172-180.

　　［84］赵中阳，张军民.基于Super-SBM DEA下新疆城市土地利用效率分析 ［J］.现代城市研究，2016（4）：88-94.

　　［85］朱立祥，雒占福，王启雯，等.环境约束下的甘肃省城市土地利用效率时空差异及其演进特征 ［J］.水土保持研究，2020，27（4）：368-375.

　　［86］Liu Z，Ding M，He C，et al. The impairment of environmental sustainability due to rapid urbanization in the dryland region of northern China［J］. Landscape and Urban Planning.2019，187：165-180.

　　［87］Yuan J，Bian Z，Yan Q，et al. Spatio-temporal distributions of the land use efficiency coupling coordination cegree in mining cities of western China［J］. Sustainability，2019，11（528819）.

　　［88］SLEE B. Social indicators of multifunctional rural land use：The case of forestry in the UK［J］.Agriculture ecosystems & environment，2007，120（1）：31-40.

　　［89］LAU S，GIRIDHARAN R，GANESAN S. Multiple and intensive land use：

case studies in Hong Kong[J].Habitat international,2005,29(3):527-546.

[90]ECHENIQUE M H, HARGREAVES A J, MITCHELL G, et al. Growing cities sustainably Does urban form really ratter?[J].Journal of the American planning association,2012,78(2):121-137.

[91] 安虎森.新区域经济学［M］.大连：东北财经大学出版社，2015.

[92] 陈秀山，张可云.区域经济理论［M］.北京：商务印书出版社，2010.

[93]FARRELL M J. The Measurement of Productive Efficiency[J].Journal of the royal statistical society,1957,120(3):253-290.

[94] 卢新海.城市土地管理与经营［M］.北京：科学出版社，2006.

[95]（英）西尼尔著，蔡受百译.政治经济学大纲［M］.北京：商务印书馆，1977.

[96]（美）克拉克著，陈福生等译.财富的分配［M］.北京：商务印书馆，1981.

[97]（英）阿弗雷德·马歇尔著，廉运杰译.经济学原理［M］.北京：华夏出版社，2005.

[98] 毕宝德.土地经济学（第六版）［M］.北京：中国人民大学出版社，2010.

[99] 聂华林.小西北经济问题研究［M］.北京：中国科学出版社，2006.

[100] 郑度，杨勤业，赵名茶，等.自然地域系统研究［M］.北京：中国环境科学出版社，1997.

[101] 刘学敏.西北地区生态移民的效果与问题探讨［J］.中国农村经济，2002（4）：47-52.

[102] 钟茂初，孙坤鑫.中国城市生态承载力的相对表征——从胡焕庸线出发［J］.地域研究与开发，2018（5）：152-157.

[103] 聂雷，郭忠兴，彭冲.基于SBM-Undesirable和Meta-frontier模型的城市建设用地利用效率研究［J］.资源科学，2017，39（5）：836-845.

[104] 罗鸣令，范子英，陈晨.区域性税收优惠政策的再分配效应——来自西部大开发的证据［J］.中国工业经济，2019（2）：61-79.

[105] 刘卫东."一带一路"倡议的科学内涵与科学问题［J］.地理科学进展，2015，34（5）：538-544.

[106] 国家发展改革委，外交部，商务部.推动共建丝绸之路经济带和21世

纪海上丝绸之路的愿景与行动［N］.人民日报，2015-03-29（4）.

　　［107］白永秀，王颂吉.丝绸之路经济带的纵深背景与地缘战略［J］.改革，2014（3）：64-73.

　　［108］习近平.共同抓好大保护协同推进大治理让黄河成为造福人民的幸福河［N］.人民日报，2019-09-20（1）.

　　［109］李江，郭庆胜.基于信息熵的城市用地结构动态演变分析［J］.长江流域资源与环境，2002（5）：393-397.

　　［110］中国经济增长与宏观稳定课题组，陈昌兵，张平，等.城市化、产业效率与经济增长［J］.经济研究，2009，44（10）：4-21.

　　［111］吕萍，周滔，张正峰，等.土地城市化及其度量指标体系的构建与应用［J］.中国土地科学，2008（8）：24-28.

　　［112］杨洋，黄庆旭，章立玲.基于DMSP/OLS夜间灯光数据的土地城镇化水平时空测度研究——以环渤海地区为例［J］.经济地理，2015，35（2）：141-148.

　　［113］李子联.人口城镇化滞后于土地城镇化之谜——来自中国省际面板数据的解释［J］.中国人口·资源与环境，2013，23（11）：94-101.

　　［114］刘欢，邓宏兵，李小帆.长江经济带人口城镇化与土地城镇化协调发展时空差异研究［J］.中国人口·资源与环境，2016，26（5）：160-166.

　　［115］范进，赵定涛.土地城镇化与人口城镇化协调性测定及其影响因素［J］.经济学家，2012（5）：61-67.

　　［116］王镝，唐茂钢.土地城市化如何影响生态环境质量?——基于动态最优化和空间自适应半参数模型的分析［J］.经济研究，2019，54（3）：72-85.

　　［117］聂雷，郭忠兴，刘秀丽.土地利用结构和价格对城市土地利用效率的影响［J］.城市问题，2019（7）：30-36.

　　［118］国家计委宏观经济研究院课题组.我国资源型城市的界定与分类［J］.宏观经济研究，2002（11）：37-39.

　　［119］岳立，薛丹.新型城镇化对中国城市土地利用效率的影响研究［J］.经济问题探索，2020（9）：110-120.

　　［120］范亚西.信息公开、环境监管与环境治理绩效——来自中国城市的经验证据［J］.生态经济，2020，36（4）：193-199.

　　［121］段显明，许敏.基于PVAR模型的我国经济增长与环境污染关系实证

分析［J］.中国人口·资源与环境，2012，22（S2）：136-139.

［122］翁智雄，马忠玉，葛察忠，等.多因素驱动下的中国城市环境效应分析——基于285个地级及以上城市面板数据［J］.中国人口·资源与环境，2017，27（3）：63-73.

［123］孙平军，赵峰，修春亮.中国城镇建设用地投入效率的空间分异研究［J］.经济地理，2012，32（6）：46-52.

［124］TONE K.A slacks-based measure of efficiency in data envelopment analysis［J］. European Journal of Operational Research,2001,130(3):498-509.

［125］TONE K.A slacks-based measure of super-efficiency in data envelopment analysis［J］. European Journal of Operational Research 2002,143:32-41.

［126］OH D. A global Malmquist-Luenberger productivity index［J］.Journal of productivity analysis,2010,34(3):183-197.

［127］金春雨，王伟强.环境约束下我国三大城市群全要素生产率的增长差异研究——基于Global Malmquist-Luenberger指数方法［J］.上海经济研究，2016（1）：3-12.

［128］Pastor J T， Lovell C. A global Malmquist productivity index［J］. Economics Letters.2005，88（2）：266-271.

［129］杨奎，文琦，钟太洋.长江经济带城市土地利用效率评价［J］.资源科学，2018，40（10）：2048-2059.

［130］张军，吴桂英，张吉鹏.中国省际物质资本存量估算：1952—2000［J］.经济研究，2004（10）：35-44.

［131］王德起，庞晓庆.京津冀城市群绿色土地利用效率研究［J］.中国人口·资源与环境，2019，29（4）：68-76.

［132］聂雷.不同类型城市的建设用地利用效率研究［D］.南京：南京农业大学，2017.

［133］雒占福，张金，刘娅婷，等.2000—2017年中国城市绿化水平的时空演变及其影响因素研究［J］.干旱区地理，2020，43（2）：481-490.

［134］THEIL, H. Economics and information theory. Amsterdam：North-Holland.1967.

［135］魏后凯.中国地区间居民收入差异及其分解［J］.经济研究，1996（11）：66-73.

[136]ZHEN F，CAO Y，QIN X，et al. Delineation of an urban agglomeration boundary based on Sina Weibo microblog 'check‐in' data：A case study of the Yangtze River Delta[J].Cities，2017，60：180–191.

［137］陈明华，刘玉鑫，张晓萌，等.中国城市群民生发展水平测度及趋势演进——基于城市 DLI 的经验考察［J］.中国软科学，2019（1）：45–61.

［138］LE GALLO J. Space‐time analysis of GDP disparities among European re‐gions：A Markov chains approach［J］. Nternational regional science review，2004，27（2）：138–163.

[139] ROY S，ROBESON S M，ORTIZ A C，et al. Spatial and temporal patterns of land loss in the Lower Mississippi River Delta from 1983 to 2016[J].Remote sensing of environment，2020，250：112046.

[140] SONG M，MA X，SHANG Y，et al. Influences of land resource assets on economic growth and fluctuation in China[J].Resources policy，2020，68：101779.

［141］周亚虹，宗庆庆，陈曦明.财政分权体制下地市级政府教育支出的标尺竞争［J］.经济研究，2013，48（11）：127–139.

［142］胡安军.环境规制、技术创新与中国工业绿色转型研究［D］.兰州：兰州大学，2019.

［143］张林.金融业态深化、财政政策激励与区域实体经济增长［D］.重庆：重庆大学，2016.

[144]TORRE A，GILLY J P. On the analytical dimension of proximity dynamics[J]. Regional Studies，2000，34（2）：169–180.

［145］谢兰云.中国省域 R&D 投入对经济增长作用途径的空间计量分析［J］.中国软科学，2013（9）：37–47.

［146］李小平，余东升，余娟娟.异质性环境规制对碳生产率的空间溢出效应——基于空间杜宾模型［J］.中国软科学，2020（4）：82–96.

[147]REY S J，JANIKAS M V. STARS：Space‐time analysis of regional systems [J]. Geographical analysis，2006，38（1）：67–86.

［148］毕斗斗，王凯，王龙杰，等.长三角城市群产业生态效率及其时空跃迁特征［J］.经济地理，2018，38（1）：166–173.

［149］周黎安.中国地方官员的晋升锦标赛模式研究［J］.经济研究，2007（7）：36–50.

［150］韩峰，王琢卓，杨海余.产业结构对城镇土地集约利用的影响研究［J］.资源科学，2013，35（2）：388–395.

[151]XIE H, CHEN Q, LU F, et al. Spatial-temporal disparities, saving potential and influential factors of industrial land use efficiency：A case study in urban agglomeration in the middle reaches of the Yangtze River[J]. Land use policy, 2018, 75：518–529.

[152]QUAN B, CHEN J, QIU H, et al. Spatial-temporal pattern and driving forces of land use changes in Xiamen[J].Pedosphere,2006,16(4):477–488.

［153］岳立，薛丹.黄河流域沿线城市绿色发展效率时空演变及其影响因素［J］.资源科学，2020，42（12）：2274–2284.

［154］王家庭，季凯文.中国城市土地集约利用的影响因素分析——基于34个典型城市数据的实证研究［J］.经济地理，2009，29（7）：1172–1176.

［155］张志辉.中国城市土地利用效率研究［J］.数量经济技术经济研究，2014，31（7）：134–149.

［156］高金龙，包菁薇，刘彦随，等.中国县域土地城镇化的区域差异及其影响因素［J］.地理学报，2018，73（12）：2329–2344.

[157]LIN G C S, ZHANG A Y. China's metropolises in transformation：neoliberalizing politics, land co mmodification, and uneven development in Beijing[J]. Urban Geography,2017,38:643–665.

［158］林勇，叶青，龙飞.我国土地城镇化对经济效率的影响［J］.城市问题，2014（5）：28–33.

［159］李兰冰，刘秉镰.“十四五”时期中国区域经济发展的重大问题展望［J］.管理世界，2020，36（5）：36–51.

[160]SADIK A T, BOLBOL A A. Capital flows, FDI and technology spillover：Evidence from Arab Countries[J].World development,2001,29(12):2111–2125.

［161］张英浩，陈江龙，高金龙，等.经济转型视角下长三角城市土地利用效率影响机制［J］.自然资源学报，2019，34（6）：1157–117C.

[162]GARRETT R D, LAMBIN E F, NAYLOR R L. The new economic geography of land use change：Supply chain configurations and land use in the Brazilian Amazon[J]. Land use policy,2013,34:265–275.

[163]COPELAND B R, TAYLOR M S. Trade, growth, and the environment[J].

Journal of economic literature,2004,42(1):7–71.

[164]BARBERA A J, MCCONNEL V D. The impact of environmental regulations on industry productivity: direct and indirect effects[J].Journal of Environmental Economics and Management,1990,18(1):50–65.

[165]PORTER M E. America Green Strategy [J].Scientific American, 1991, 264 (4):168.

［166］何爱平，安梦天.地方政府竞争、环境规制与绿色发展效率［J］.中国人口·资源与环境，2019，29（3）：21–30.

［167］袁丽丽.城市化进程中城市用地结构演变及其驱动机制分析［J］.地理与地理信息科学，2005，21（3）：51–55.

［168］张莉，李舒雯，杨轶轲.新中国70年城市化与土地制度变迁［J］.宏观质量研究，2019，7（2）：80–102.

［169］张雯熹，邹金浪，吴群.生产要素投入对城市土地利用效率的影响——基于不同工业化阶段省级数据［J］.资源科学，2020，42（7）：1416–1427.

［170］杨红梅，刘卫东，刘红光.土地市场发展对土地集约利用的影响［J］.中国人口·资源与环境，2011，21（12）：129–133.

［171］姬志恒，张鹏.环境约束下中国城市土地利用效率空间差异及驱动机制——基于285个地级及以上城市的研究［J］.中国土地科学，2020，34（8）：72–79.

［172］吴郁玲，曲福田.中国城市土地集约利用的影响机理：理论与实证研究［J］.资源科学，2007（6）：106–113.

[173]TOBIN J. Estimation of relationships for limiteddependent varables[J]. Econometrica,1958,26(1):24.

［174］狄乾斌，韩帅帅，韩增林.中国地级以上城市经济承载力的空间格局［J］.地理研究，2016，35（2）：337–352.

［175］陈伟，吴群.长三角地区城市建设用地经济效率及其影响因素［J］.经济地理，2014，34（9）：142–149.

［176］卢新海，柯楠，匡兵，等.中部地区土地城镇化水平差异的时空特征及影响因素［J］.经济地理，2019，39（4）：192–198.

［177］BAI Y, DENG X, JIANG S, et al. Exploring the relationship between urbanization and urban eco-efficiency: Evidence from prefecture-level cities in China[J]. Journal of cleaner production, 2018, 195: 1487–1496.

［178］胡银根，廖成泉，章晓曼，等. "两型社会"背景下湖北省城市建设用地利用效率及其影响因素——基于四阶段DEA的实证分析［J］.地域研究与开发，2016，35（2）：119–122.

[179] HAO Y, DENG Y, LU Z, et al. Is environmental regulation effective in China? Evidence from city-level panel data[J]. Journal of cleaner production, 2018, 188: 966–976.

［180］刘秉镰，武鹏，刘玉海.交通基础设施与中国全要素生产率增长——基于省域数据的空间面板计量分析［J］.中国工业经济，2010（3）：54–64.

［181］叶艳妹，吴次芳.地产市场成长的地方政府阻力及其对策［J］.建筑经济，2006（4）：55–59.

［182］王青，陈志刚，叶依广，等.中国土地市场化进程的时空特征分析［J］.资源科学，2007（1）：43–47.

[183]ELHORST J P. Dynamic spatial panels: models, methods, and inferences[J]. Journal of geographical systems, 2012, 14: 5–28.

[184] HAO Y, LIU Y, WENG J, et al. Does the Environmental Kuznets Curve for coal consumption in China exist? New evidence from spatial econometric analysis[J]. Energy, 2016, 114: 1214–1223.

[185] BELOTTI F, HUGHES G, MORTARI A P. Spatial panel-data models using Stata[J]. Stata Journal, 2017, 17(1): 139–180.

[186] SUN C, ZHAO L, ZOU W, et al. Water resource utilization efficiency and spatial spillover effects in China[J]. Journal of geographical sciences, 2014, 24(5): 771–788.

[187]LEE L, YU J. Spatial panels: random components versus fixed effects [J]. International economic review, 2012, 53(4): 1369–1412.

[188]LEE L, YU J. Estimation of spatial autoregressive panel datamodels with fixed effects [J].Journal of econometrics, 2010, 154(2): 165–185.

［189］肖金成，马燕坤.西部地区区域性中心城市高质量发展研究［J］.兰州大学学报（社会科学版），2020，48（5）：20–27.

# 后　记

　　土地是城市发展的载体，也是人类与自然交互的纽带。我国长期以来就存在人多地少、土地资源不足的问题。西北地区生态环境脆弱，适合城市建设的土地本来就少，与中东部地区相比，西北地区的城市土地利用却更为粗放。另外，承接东部地区的产业转移也给西北地区的城市土地利用带来了新的压力。如何在这片生态环境脆弱、经济基础相对薄弱的区域，实现城市土地资源的高效利用与可持续发展，不仅关乎西北地区自身的经济社会发展，更对全国生态文明建设与区域协调发展战略具有深远意义。这一命题正是本书研究的起点。

　　本书是依托本人博士论文完善定稿的，初稿写作历时两年，研究立足于西北欠发达地区，融合区域经济学、土地管理学、计量经济学、环境科学、地图学、自然地理学等多学科基础理论，围绕中国西北地区的城市土地利用的现状、效率评价、时空演化特征及其影响因素等进行了深入研究。在研究过程中，我愈发认识到，城市土地利用效率绝非简单的经济产出指标，而是人与自然关系的镜像，效率的优化需要兼顾经济、生态与社会效益的协同，而非单一维度的竞逐。西北地区深居内陆、水资源匮乏的先天条件，决定了其城市发展必须突破传统"摊大饼"式的扩张逻辑；而西部大开发战略、"一带一路"倡议和黄河流域生态保护和高质量发展战略带来的机遇，又要求土地资源配置与区域功能定位深度契合。

　　本书的完成和出版，得益于诸多师长、同仁与家人的支持。感谢我的博导岳立教授，他没有嫌弃我已在银行工作多年，收我做弟子，圆了我的"博士梦"，他不仅传授我专业知识，更是教会我做人的道理和处事的方法；感谢我的硕导郭志仪教授，虽然他已退休，但还是经常关心我，他的"板凳要坐十年冷，文章不写半句空"的教诲，使我受用一生；感谢凯瑞老师、张雪梅老师、祝伟老师、马子量老师以及各位师门兄弟姐妹们给予我的帮助；感谢常州大学的各位领导和同事对我的鼎力支持和帮助；感谢我的家人们对我初稿写作以及出版事宜的支持。

　　西北地区的土地故事，本质上是中国城镇化道路多元性的缩影。在效率与公平、保护与发展的辩证关系中，我们追求的不仅是数字意义上的"最优解"，更是人与自然和谐共生的智慧。希望本书能为区域土地科学的研究提供新的视角，为西北地区城市土地的高效利用贡献绵薄之力。

薛　丹

2024年3月